Walnuss

Margot Fischer

Mit Illustrationen von
Linda Wolfsgruber

mandelbaums *kleine gourmandisen*
N° 28

www.mandelbaum.at
www.mandelbaum.de
ISBN 978-3-85476-847-0

2. Auflage 2023
Lektorat: Michael Baiculescu
Satz und Umschlaggestaltung: Michael Baiculescu
Illustrationen: Linda Wolfsgruber
Druck: Interpress, Budapest

DAS MÄUSEHIRN DES JUPITER

Juglans regia nennen die Botaniker die Echte Walnuss, salopp übersetzt: die »königliche Frucht des Jupiter«. Tatsächlich beherrscht der bis zu 30 Meter erreichende Baum das Reich unter seiner ausladenden Krone absolutistisch wie ein Gott und König. Um das Sonnenlicht nicht mit anderen Pflanzen teilen zu müssen, vergiftet er einfach die Konkurrenten.

Die Köstlichkeiten, die sich aus der Walnuss zubereiten lassen, versetzen Feinschmecker in den siebenten Himmel. Das attraktive und robuste Holz schmückte königliche Gemächer. Hochwirksame Arzneien aus den Blättern und Fruchtschalen kurieren weit mehr als nur die klassischen »Krankheiten der Könige« wie Bluthochdruck, Diabetes und Gicht. Die effektiven Antioxidantien schützen Zellen und Nerven vor Degeneration. So zögern sie das Einsetzen von Alterungsprozessen, Demenz und Parkinson hinaus. Wie zahlreiche unabhängige Studien belegen, führen sie entgegen der landläufigen Meinung nicht zu einer Gewichtszunahme.

Es lohnt sich daher ein häufiger Griff zur Walnuss, nicht nur, wenn sie zu Halloween als »Mäusehirn« das Partybuffet ziert.

WIE BETTELMÖNCHE EIN GEWINNTRÄCHTIGES IMPERIUM BEGRÜNDETEN

Wilde Exemplare der Walnuss wuchsen bereits in der Kreidezeit in weiten Teilen Europas, Asiens und Nordamerikas bis Alaska. Während der letzten Eiszeit überlebten isolierte Bestände von der Provinz Xinjiang in Westchina über Zentralasien bis in den Kaukasus, einige in Südeuropa und der Schweiz. Vermutlich sorgten vorwiegend Vögel für die erneute Verbreitung der wilden Walnuss nördlich der Alpen, die sich für die mittlere Wärmezeit nachweisen lässt. Funde im Bodensatz der

Pfahlbauten am Ufer des Bodensees belegen eine Verwendung der Kerne durch den Menschen bereits in der Steinzeit.

Später beteiligten sich auch die Menschen an einer weiträumigen Ausbreitung, allerdings der großfruchtigeren Zuchtsorten: Entlang der Seidenstraße und der Persischen Königsstraße wurden Samen ausgetauscht. Laut Plinius dem Älteren brachten die Griechen im 7. Jahrhundert v. d. Z. die Edelsorten der Walnuss nach Europa. Die Römer förderten den Anbau interessanterweise parallel zur Kultivierung von Wein. Keine schlechte Idee, da in Weinbaugebieten wegen der Wärme die Gefahr der Ansteckung mit dem Blattfleckenpilz Marssonina geringer ist. Zudem eignen sich die ölreichen Samen vorzüglich als Weinbegleitung, die allzu rasche Trunkenheit verhindert und den Magen vor der Säure schützt.

Übertreiben sollte man es allerdings nicht mit der Pflanzung von Nussbäumen in Weingärten. Zwar wäre angesichts des Klimawandels der Schatten, den sie spenden, in jenen Regionen hilfreich, in denen die Winzer mit einem – aus einem Übermaß an Sonne resultierenden – überhöhten Zuckergehalt der Trauben kämpfen. Der hohe Nährstoffbedarf und die Versauerung des Bodens durch die Walnuss führten jedoch bereits im 14. Jahrhundert zu Kritik an der Mischkultur. Verbunden blieben Wein und Nuss in den Bauernregeln, die besagen, dass gute Weinjahre auch gute Nussjahre sind und auf eine gute Nussernte zwei mittelprächtige und eine schlechte folgen. Von dieser Regel nicht betroffen, weil wesentlich robuster, sind die Wildformen der Walnuss, die wegen ihres feinen Aromas und höheren Fettgehalts weiterhin gerne verwendet werden.

Übrigens legten im wahrsten Sinne des Wortes ausgerechnet Franziskanermönche den Keim für eines der weltweit größten Anbaugebiete von Walnüssen: Sie brachten im späten 18. Jahrhundert auf ihren Missionsreisen Walnüsse von Spanien – anderen Quellen zufolge aus Südamerika – nach Kalifornien.

VON PERFEKT RASIERTEN HERRSCHERN UND VERGRAULTEN ZECKEN

Nicht nur die Kerne sind seit Jahrtausenden als Nahrungsmittel und Arznei begehrt. Das graue bis rötliche Holz splittert kaum und ist geschätzt zur Herstellung edler Möbel, Böden, Kircheneinrichtungen, Musikinstrumente, Drechsel- und Schnitzobjekte, vor allem Schachfiguren und Gewehrkolben. Das Öl ist abgesehen von den kulinarischen Aspekten ein effektives Kosmetikum und diente im antiken Ägypten auch zum Einbalsamieren von Mumien. Die Pressrückstände kochte man mit Wasser auf, um das »Nachöl« zu gewinnen, ein weniger hochwertiges Gebrauchsöl zur Körperpflege und Herstellung einer geruchsintensiven Seife, das auch als Lampenöl verwendet wurde. Mit den ausgekochten Presskuchen mästete man das Vieh.

Da Walnussöl trocknet, diente das »Nachöl« auch zum Anrühren von Temperafarben, die sich gut überarbeiten lassen und alterungsbeständig sind. Grüne Nüsse und die Wurzeln dienen als Haarfarbe. Die grünen ebenso wie die verholzten Schalen eignen sich zum Färben von Wolle und anderen Naturmaterialien einschließlich Holz in Beige und Brauntönen. Die frischen Blätter färben Gelb, Grün und Braun. Auch eine sattbraune Tinte lässt sich aus den Nüssen und Blättern herstellen. Räucherungen mit Blättern dienten bis in die späte Neuzeit der Desinfektion, auch während der großen Pestepidemien.

Als Gemüsedünger ist das Laub nicht empfehlenswert. Das Gemüse wächst mit dem daraus hergestellten Kompost nur mäßig und krumm. Gemischt mit anderen Sorten, häufig als Asche, verstreute man die Blätter lediglich auf Futterwiesen und in Obstgärten. Apropos Wiesen und Bäume: Dort lauernde Zecken vertreibt man durch Auftragen einer Salbe aus pürierten grünen Nüssen, in Kokosfett aufgekocht und 30 Minuten abseits des Feuers gezogen, filtriert und mit Lavendelöl versetzt.

Die Schalen dienten zur Heizung und der Reinigung von Schmuck. Sogar die Scheidewände des Kerngehäuses fanden Verwendung, und zwar als Streudeko. Laut Cicero ließ sich Dionysius, der Tyrann von Syrakus, aus Angst vor dem Rasiermesser den Bart mit glühenden Walnussschalen wegsengen. Auch der Barbier Ludwigs XI benutzte die Ränder erhitzter Walnussschalen zum Rasieren um Schnittwunden zu vermeiden. Auf Portraits präsentiert sich der König stets perfekt glattrasiert. Pulverisierte Schalen verwendet man noch heute zum Polieren von Metall und Schleifen von Ölbohrern, als Gesichtspuder und zur Wärmeisolation in Raketen der NASA.

WIE DIE WALNUSS ZU IHREM NAMEN KAM

Die Römer bezeichneten die Walnuss als *nux gallica*, gallische Nuss. Schon damals gediehen die besten Früchte in dieser Region, deren Bewohner von den Germanen Welsche genannt wurden. Es lag daher nahe, die Nuss *walch nutu*, welsche Nuss, zu taufen. Später waren Begriffe wie Persische Nuss gebräuchlich oder Englische Walnuss, da die britischen Handelsflotten die Ware weltweit vertrieben. In Anlehnung an den botanischen Namen ist die Walnuss im Volksmund als Kaisernuss bekannt, wegen der Vorbildfunktion der Klostergärten auch als Klosternuss. Die wenig schmeichelhafte Bezeichnung »Mistbaum« trugen Exemplare, die man in der Nähe des Misthaufens zum Fernhalten der Fliegen pflanzte. Zu diesem Zweck standen Nussbäume auch häufig vor den Fenstern von Vorratskammern.

Der botanische Name *Juglans* leitet sich von der lateinischen Übersetzung des griechischen Namens ab aus *Iovis*, dem höchsten römischen Gott Jupiter, und *glans*, der Frucht von Buchengewächsen. Da auch die Buche, Eiche, Haselnuss und Edelkastanie zur Ordnung der Buchenartigen zählen, ist nicht geklärt, welche Familie primär mit dem Begriff bezeichnet wurde. Antike griechische Schriften deuten in diesem Zusammenhang eher auf Edelkastanien hin. Es war daher vermutlich ursprünglich gar nicht der Walnussbaum, den die Griechen ihrem obersten Gott widmeten. Die als Fruchtbarkeitssymbol geltenden Walnüsse hätten allerdings zu den zahlreichen Abenteuern des Zeus durchaus gepasst.

VON HOCHZEITEN UND HEXEN

Walnussbäume erreichen ein Alter von bis zu 150 Jahren. In China ist daher die Walnuss ein Symbol für ein langes Leben. Wohl auch wegen der Inhaltsstoffe aller Teile des Baumes, die dazu beitragen, die Gesundheit und Lebensqualität zu erhalten. Die Form der Kerne legt Assoziationen mit dem Gehirn nahe, weshalb Nüsse bereits in der Antike – mit Erfolg – zur Förderung der geistigen Leistungsfähigkeit eingesetzt wurden. Plinius meinte allerdings, der Schlaf unter Walnussbäumen mache das Hirn träge. Tatsächlich kann langanhaltendes Einatmen der ätherischen Öle der Blätter zu Kopfschmerzen führen.

Die Form der Früchte wurde mit den Geschlechtsorganen assoziiert (weshalb man jemanden »auf die Nüsse gehen« und »in die Nüsse treten« kann). Sie galten daher als Fruchtbarkeitssymbol und waren folglich Teil des Hochzeitsbrauchtums. Im antiken Griechenland musste sich die Braut bei ihrem Eintreffen im Haus ihres Gatten auf einen Nussregen gefasst machen. Apropos schmerzhaftes Treffen: Der Begriff der Kopfnuss leitet sich wohl von diesem Ritus her. Als Maßnahme der schwarzen Pädagogik zur Steigerung der Leistung beim Knacken von so manch harter Nuss in den Prüfungsfragen ersetzte sie wohl den – kostspieligeren – Verzehr von Walnüssen.

Im antiken Rom war die Walnuss mit Juno verbunden, der etruskischen Göttin der Ehe und Geburt. Bei Hochzeiten bewarf man Braut und Bräutigam mit dem Fruchtbarkeitssymbol. Im alten Rom warf der Bräutigam Walnüsse unter die Gäste; klangen sie beim Aufschlagen hell, sollte die Ehe glücklich werden. Die Germanen übernahmen diesen Hochzeitsbrauch, mussten jedoch augenscheinlich nach den Tributzahlungen an Rom sparen und versetzten die Walnüsse mit Haselnüssen. Deren minderer Wert spiegelt sich in der Redewendung: »Von einem Haselstrauch kann man keine Walnüsse pflücken«. Walnüsse waren so kostbar, dass sie als Grabbeigabe und Brandopfer Verwendung fanden. Während die Früchte gut brennen und die Schalen auch als Heizmaterial dienten, gelten die Bäume als schwer brennbar und wurden in den Dörfern als Brandschutz gepflanzt.

Doch zurück zur Fruchtbarkeit. Vielerorts tanzten die Brautleute um Walnussbäume, auch um einen reichlichen Milchfluss der Braut nach der Niederkunft zu sichern. Eine reiche Nussernte galt als Vorzeichen für eine hohe Geburtenrate im Folgejahr. Die Fruchtbarkeit der Nussbäume erhöhte man durch Abschlagen langer Triebe, um das Austreiben junger fruchtbarer Sprosse zu fördern. An diesen Brauch erinnert das Sprichwort: »A woman, a dog, and a walnut tree – the more you beat them the better they be«, auch in der Version »Frauen, Esel und Nüsse verlangen derbe Küsse« bekannt. Waren die Vorratssäcke nach einer guten Ernte voll, galt dies als Zeichen des Wohlstands, der gerne auch an den Balken in der Stube hängend präsentiert wurde. Demzufolge lässt sich laut einem – mehrdeutigen – italienischen Sprichwort mit nur einer Nuss im Sack kein Lärm machen. Womit wir wieder bei der Fruchtbarkeit wären.

In der christlichen Ikonografie hält Josef bei der Hochzeit mit Maria einen Walnusszweig in der Hand. Die Fruchtschale steht für Marias Gebärmutter, der Kern darin für das Fleisch Christi. Einer Legende zufolge befanden sich unter den Geschenken der drei Weisen auch Walnüsse. Der römische Philosoph und Kirchenlehrer Augustinus verglich die Kernhaut mit den bitteren Leiden Jesu und die harte Schale mit dem Holz des Kreuzes.

Fruchtbarkeitssymbole wurden allerdings auch als Sinnbild der Wollust und Sünde betrachtet. Auf jedem Blatt sollte ein Teufel wohnen, der unter dem Baum mit den Hexen wilde Orgien feiert. Besonders verrufen war der Baum von Benevento, den der Bischof samt Wurzeln entfernen ließ. An derselben Stelle soll kurz darauf wieder ein von Hexen heimgesuchter Baum gewachsen sein. Unter Walnussbäumen zu schlafen sollte Unglück und Krankheit bringen. Aus denselben Gründen pflanzte man mancherorts keinen Walnussbaum in die Nähe von Häusern und Ställen.

DER KLEINSTE KLEIDERSCHRANK DER WELT

In Märchen und Erzählungen ist die Walnuss mit psychologisch höchst interessanten Motiven verknüpft. Gemeinsam ist ihnen das Thema der Flucht, die in den Märchen magische Elemente aufweist. Besonders umstritten ist das Motiv des Vaters, der die eigene Tochter heiraten will, noch dazu häufig, um ein Gelübde einzulösen, das die sterbende Mutter des Mädchens ihm abgepresst hat. Das Thema Inzest kann als Reflexion einer Alltagsrealität betrachtet werden, darüber hinaus auch als Symbol für die zentrale Frage nach der individuellen Identität. Die Walnuss steht in den Erzählungen als Keim für die sich – in körperlicher und geistiger Hinsicht – entfaltende Persönlichkeit, die sich äußerlich im Wandel der zunächst verwahrlost erscheinenden, oft niedrige Dienste verrichten müssenden Heldin in eine perfekt gekleidete Schönheit zeigt.

Während Charles Perrault in *Peau d'Ane*, Eselshaut, seine Heldin sich vom Vater lösen lässt, gibt die Königstochter in der Grimmschen Version, *Allerleirauh*, nach anfänglichem Sträuben samt Flucht in verunstaltender Verkleidung (doch nicht ohne schöne Roben in einer Nussschale) letztlich den Widerstand auf, denn »eigentlich will es sie auch« – zumindest nach ihrem eklatanten sozialen Abstieg. *Die beiden Königskinder* flüchten vor einem Vater, der seine Töchter keinem Bräutigam überlassen will. Auch hier willigt die Heldin in eine Verbindung mit einem Mann ein, der sie denkbar schlecht behandelt: Der Prinz vergisst sie einfach, obwohl sie ihm mehrfach das Leben gerettet hat. Er hat wohl zuwenig Walnüsse gegessen. Erst die schönen Kleider aus der Walnuss verhelfen ihr zum treulosen Kerl. Weniger opferbereit ist die Prinzessin im Märchen *Der Eisenofen*, die ihren Prinzen wegen ihrer Gesprächigkeit verliert. Sie hätte an die englische Redewendung »to put it in a nutshell« (»kurz gesagt«) denken sollen. Zu ihrem Glück besitzt sie ebenfalls Walnüsse mit Haute couture. Schöne Kleider benötigt die Heldin in Ludwig Bechsteins *Nusszweiglein* nicht, doch jede Menge Mut, um einen Prinzen zu ergattern und sich damit – der Märchensymbolik gemäß – mit der fehlenden Hälfte zur Vollkommenheit zu vereinen.

Um das Zitat »Die erste Nuss nützt, die zweite schadet, die dritte ist der Tod« entspinnt sich in der Erzählung *Die drei Nüsse* von Clemens Brentano beim Nüsseknacken eine dramatische Geschichte über Begehren, Unfruchtbarkeit und folgenschwere Missverständnisse, die zu einem Mord führen.

Apropos Missverständnis: Das Zitat stammt aus dem Regimen Sanitatis Salernitanum, einer beliebten Sammlung medizinischer Texte in Reimform aus dem Hochmittelalter. Der Autor meinte jedoch die Muskatnuss, die tatsächlich in höheren Dosen tödlich ist.

DIE BOTANISCHEN SEITEN

Der Baum erreicht eine Höhe bis 30 Meter und ein Alter von bis zu 150 Jahren. Er bevorzugt tiefgründige, gut entwässerte lehmige und tonige Böden. Ideal ist eine gleichmäßig verteilte Jahresniederschlagsmenge von etwa 800 mm. Im Himalaya ist er bis in 3.300 Metern Seehöhe zu finden. In kühlem Klima trägt der Baum mehr Früchte, er ist allerdings frostempfindlich. Aufgrund der seit 1970 zunehmend milderen Winter breitet er sich auch in inneralpinen Tälern zunehmend aus.

Um andere Pflanzen am Keimen zu hindern, sondert der Baum über die Blätter Zimtsäure ab, die vom Regen zu Boden gespült wird. Überdies enthalten die abgefallenen Blätter Juglon, das ebenfalls keim- und wachstumshemmend wirkt.

Die aschgraue und glatte Rinde junger Bäume wird im Alter zu einer rissigen, dunkelgrauen Borke. Die Krone ist breit mit wechselständigen Blättern mit 5 bis 9 elliptischen, beinahe ganzrandigen Fiederblättchen, die unterseits in den Achseln behaart sind. Der Baum blüht frühestens ab dem 3. Lebensjahr, gute Erträge liefert er ab dem 7. Jahr. Die gelblich-grünen männlichen Blüten in hängenden, bis 12 cm langen Kätzchen erscheinen einige Wochen vor den weiblichen Blütenständen in den Achselknospen der Vorjahrestriebe. Die weiblichen Blüten stehen in 2 bis 5 Ähren an den neuen Trieben des Jahres. Die zunächst grünen Narben färben sich später rot. Die Bestäubung erfolgt durch Wind. Die fleischige Fruchthülle ist grün und platzt bei der Reife auf. Das verholzte Fruchtgehäuse besteht aus zwei verwachsenen Hälften, die innen eine echte und eine falsche (unvollständige) Scheidewand aufweisen. Die Samen (Nüsse) sind von einer dünnen Haut umgeben.

Die Früchte reifen in Mitteleuropa ab Ende September, in Kalifornien wird ab August geerntet. Den meisten Ertrag bringen 60- bis 80-jährige Bäume. Laut FAO (Food and Agriculture Organization of the United Nations) lag 2021 die Weltproduktion an Walnüssen (in Schale gewogen) bei 3.500.172 Tonnen. Hauptproduzent war Asien (55,8%), gefolgt von den beiden Amerikas (27,7%), Europa (11,1%) und Afrika (5,3%).

VON DER MAYETTE BIS ZUR DONAUBLUTNUSS

Zur Familie der Walnussgewächse werden 8 Gattungen mit rund 60 Arten gezählt.

In mitteleuropäischen Auwäldern sind Wildformen mit kleinen Früchten (19–24 mm) erhalten geblieben, die von Bauern und Jägern genutzt werden. Wegen der harten Schale nennt der Volksmund sie Steinnüsse, die je nach Form der Früchte mitunter in Spitz- und Schnabelnüsse untergliedert werden. Einige Botaniker kennzeichnen diese Arten durch den Zusatz *germanica* zwecks Abgrenzung von den Zuchtsorten aus dem Mittelmeerraum (*mediterranea*). Überdies finden sich Kultursorten, die aus Wildnüssen herausgezüchtet wurden.

Als eine der besten Edelsorten gilt die Mayette aus dem Département Isère mit exquisitem und ausgeprägtem Aroma. Gemeinsam mit der Franquette und der Parisienne aus den Départements Drôme und Savoye ist sie als *Noix de Grenoble* AOC-geschützt.

Unter den englischen Sorten stechen Excelsior of Taynton und Champion of Ixworth hervor. Aus Kalifornien stammen besonders leicht schälbare Sorten. Am kräftigsten ist das Aroma der Chandler. Weitere gängige Sorten sind Eureka, Hartley, Payne und Serr. In Italien sind Feltrina und Sorrento am verbreitetsten. In China herrschen die widerstandsfähige Xinjiang und die ertragreiche Yanbian vor.

Die Sorte Wunder von Monrepos wird in Europa immer beliebter. Die Züchtung aus dem Jahr 1983 treibt spät aus und ist daher nicht durch Spätfrost gefährdet. Sie bildet bereits nach wenigen Jahren reichlich Früchte und ist resistent gegen die Blattfleckenkrankheit und den Bakterienbrand.

Eine besonders ansprechende Unterart, die Donaublutnuss, auch rote Donau- oder Moselwalnuss genannt, kam vermutlich aus Chile nach Europa. Ein erster Anbau ist in den 1930er Jahren in Ybbs an der Donau belegt. Sie zeichnet sich durch eine leuchtend rote Haut und sehr aromatische Kerne aus. Überdies ist sie leicht zu knacken.

Zart ist auch die Schale der Meisennuss (*Juglans regia fragilis*), ganz im Gegensatz zur Schlegelnuss (*Juglans regia elongata*) und der kleinen Kriebelnuss (*Juglans regia angulosa*). Die Pferdenuss (*Juglans regia macrocarpa*) erreicht Durchmesser bis 5 cm. Ihre Schalen verarbeitet man zu kleinen Schmuckschatullen. In Frankreich nennt man sie daher *noix à bijoux*, Nüsse für den Schmuck.

Die Schwarznuss (*Juglans nigra*) stammt aus Nordamerika. Sie wird vorwiegend wegen ihres Holzes kultiviert, aber auch wegen der langen Haltbarkeit der kräftig schmeckenden Nüsse geschätzt. Früher diente sie überdies der Seifenproduktion im Haushalt. Kreuzungen mit der Echten Walnuss ergeben frostresistentere, schnellwüchsige Bäume (*Juglans x intermedia*), die geringere Ansprüche an den Standort stellen und gegen Hallimasch resistenter sind.

Auch die Butternuss (*Juglans cinerea*), Graue oder Weiße Walnuss, stammt aus Nordamerika. Die Schale ist sehr hart und die süßlichen Kerne lassen sich nicht leicht auslösen. Die texanische Walnuss (*Juglans regia microcarpa*) weist noch härtere Schalen und noch süßere Kerne auf.

GEHALTVOLLE KERNE

Bis vor nicht allzu langer Zeit gemeinsam mit anderen Nüssen als Kalorienbombe verpönt, sind Walnüsse nunmehr durch zahlreiche wissenschaftliche Studien rehabilitiert. Nachgewiesen ist nicht nur ein bedeutender gesundheitlicher Effekt, sondern auch die Tatsache, dass selbst täglicher Nussgenuss nicht zu einer Gewichtszunahme führt.

Der einst so gefürchtete Fettanteil besteht aus wertvollen einfach und mehrfach ungesättigten Fettsäuren, vorteilhafterweise in einem besonders hohen Verhältnis der omega-3 zu den omega-6 Fettsäuren. Darüber hinaus enthalten Walnüsse Eiweiß und Kohlenhydrate, Ballaststoffe, Vitamine, Mineralstoffe und Spurenelemente, dazu eine beeindruckende Liste an bioaktiven Substanzen, mit der ich hier nicht langweilen möchte.

Die antioxidativen und entzündungshemmenden Inhaltsstoffe der Walnüsse schützen gegen zahlreiche Krankheiten, darunter Arteriosklerose, Schlaganfall, Osteoporose, Typ-2 Diabetes, bestimmte Krebsarten sowie Erkrankungen der Herzkranzgefäße und des Nervensystems wie Alzheimer oder Morbus Parkinson. Interessant ist auch der hohe Gehalt am Neurotransmitter Serotonin. Obwohl die Substanz die Blut-Hirnschranke nicht passieren kann, zeigten Walnüsse in mehreren Studien stimmungsaufhellende Wirkung.

In der traditionellen Heilkunde dienen im gesamten Verbreitungsgebiet seit der Antike Blätter und grüne sowie reife Früchte frisch oder getrocknet als Aufguss,

Kompresse, Lotion oder Badezusatz zur Behandlung von Akne, Wunden, Pilzerkrankungen, Herpes, Hämorrhoiden, übermäßiger Schweißabsonderung, Knochenfraß, Diabetes und Gicht sowie Rachen-, Magen- und Darmbeschwerden. Plinius der Ältere empfiehlt fein gemahlene Schalen als Zahnfüllung und überliefert ein Rezept für ein Mittel zum Schutz gegen Vergiftungen aus Walnüssen, Feigen, Raute und Salz, das bis in das 18. Jahrhundert in Gebrauch war. Auch als Prophylaxe gegen die Pest wurde es eingesetzt.

Die klassische persische Medizin nutzte Walnüsse unter anderem zur Vorbeugung von Gedächtnisschwund. Die Blätter und Blütenkätzchen verwendet man zusätzlich – auch in der ayurvedischen Medizin – zur Stärkung von Knochen und Muskeln, in der Veterinärmedizin bei Krankheiten der Haut, Knochen, Klauen und des Verdauungstrakts. Pferde reibt man mit einem Absud der Blätter ein, um Insekten fernzuhalten. Auch als leichter Sonnenschutz für Weidetiere ist diese Anwendung wirksam.

In der Bachblütentherapie verabreicht man *Walnut* bei mangelnder Selbstsicherheit sowie in Phasen der Veränderung und Neuorientierung wie Umzug, Jobwechsel oder Scheidung.

Ein Wermutstropfen ist allerdings die Möglichkeit einer allergischen Reaktion auf Walnüsse, von der je nach Region 1–2% der Bevölkerung betroffen sind. Viel häufiger sind Reaktionen auf Cashews, Pistazien und Haselnüsse. Es kann auch zu einer Kreuzreaktivität mit Birkenpollen kommen. In den meisten Fällen handelt es sich bei Symptomen wie etwa einem Kribbeln im Mund nicht um allergische Reaktionen, sondern lediglich um eine ungefährliche Überempfindlichkeit gegen die Bitterstoffe oder Proteine, die in vielen Samen, Eiweiß und Milch vorkommen. Erhitzen zerstört einen Teil der Allergene.

DIE KULINARISCHEN SEITEN

Unmittelbar nach der Ernte ist das Aroma der Walnuss am zartesten. Frische Nüsse sind allerdings nur kurz haltbar. Für eine längere Lagerung entfernt man die Fruchthülle und trocknet die Früchte. Zur Erhaltung der wertvollen Inhaltsstoffe und des Aromas werden Walnüsse kühl und trocken aufbewahrt. Geschälte Kerne und das Öl benötigen überdies Lichtschutz. Idealerweise knackt man die Schale erst kurz vor der Verwendung. Auch das Hacken und Mahlen sollte – wie bei Gewürzen – möglichst zeitnah zur Weiterverarbeitung erfolgen. Das Aroma etwas älterer Kerne lässt sich durch Einlegen in Milch über Nacht entscheidend verbessern.

Historische Sorten enthalten in der Haut mehr Bitterstoffe als heutige Varianten. In früheren Zeiten wurden die Walnüsse daher vor der Weiterverarbeitung meist blanchiert. Bei neueren Züchtungen ist dieser Schritt nicht mehr nötig. Überdies hat man mittlerweile den gesundheitlichen Wert von Bitterstoffen erkannt. Für sehr empfindliche Mägen legt man zum Rohgenuss vorgesehene Nüsse über Nacht in Wasser.

Walnüsse und deren Öl harmonieren besonders mit Kardamom, Rosmarin, Dille, Zimt, Vanille, Karamell, Kakao und Schokolade, Kaffee; mit Käse, Geflügel und Wild; mit Gemüse, v. a. Endivie, Chicorée, Sellerie, Kürbis, Aubergine, Fenchel, Gurke und Zucchini, sowie mit Früchten, v. a. Birne, Quitte, Weichsel, Marille, Johannisbeere, Apfel, Pflaume, Orange, Banane und Feige. Getrocknete Feigen gefüllt mit sehr jungen Walnusskernen waren als Kapuzinernougat in der Provence verbreitet. Im Mittelalter trocknete man die grünen Fruchtschalen und

sehr jungen Blätter, um sie als Ersatz für den teuren Pfeffer zu verwenden.

Vor allem der Kaukasus und der Vordere Orient bieten eine Fülle an klassischen pikanten und süßen Zubereitungen mit Walnusskernen. Weit verbreitet ist Geflügel in Walnusssauce wie Kotmis Saziwi aus Georgien, Çerkes Tavuĝu aus der Türkei oder Fesenjān aus Persien. Auch für Salate, Suppen und Gemüsegerichte werden gerne Walnüsse verwendet. Zu den verbreiteten süßen Klassikern zählt Strudelteiggebäck mit Walnüssen und Honig wie das griechisch-türkische Baklava, Sansaticos (nussgefüllte Dreiecke) und Assabih (Finger) oder Boughasha genannte Strudelteig»zigarren« mit Walnussfülle, die von der Türkei über Nordafrika bis zu den arabischen Staaten ausgesprochen beliebt sind. Halva, eine schnittfeste Masse mit oder ohne Grieß, findet sich in unterschiedlichen Varianten. Seltener findet sich in diesen Regionen Buttergebäck wie die griechischen Kourambiedes, die an riesige Vanillekipferl erinnern, oder die arabischen Maamoul, kleine gefüllte Butterteigtörtchen.

In nördlichen Regionen dominieren Süßspeisen das Walnussangebot, dafür in unübersehbarer Vielfalt als Walnusstorten, -bögen, -taler, -kipferln, -makronen, -koch (mit Kuchenbröseln zubereiteter Auflauf), -pudding und -nudeln (aus Kartoffelteig) über die edelste Version der Karottentorte zu Tortenfüllungen, Cremes und Konfekt. In den USA werden Walnüsse gerne mit Ahornsirup kombiniert. Die Muskogee (Creek) und die Indigenen der Golfküste bereiteten Sofk zu, eine Paste aus in heißem Wasser gequollenem Maisschrot, in die sie Walnussmehl und Knochenmark einrührten.

Der zum Pessachfest gereichte Sederteller enthält vor allem in den ashkenasischen Versionen Walnüsse im Haroset, der fruchtigen Nussmasse, die den Mörtel symbolisiert, mit dem die hebräischen Sklaven in Ägypten die Pyramiden bauten.

Unreife und halbreife Walnüsse ergeben mit Sirup, Essig oder Alkohol aromatische Pickles, Marmeladen und Liköre, die sich auch als Medizin eignen. Unter den Likören international bekannt ist vor allem der Nocino aus Modena. Das Öl diente früher nicht nur als Salatöl, sondern auch als Butterersatz in Backwaren. Die Pressrückstände wurden ebenso für Bäckereien verwendet.

Wenn nicht anders angegeben, sind die Mengen für vier Personen gedacht und die Backofentemperaturen auf Ober- und Unterhitze bezogen.

FEINE WÜRZE

Raffinierte Würzmittel machen die einfachsten Gerichte zu etwas Besonderem und sind auch als Gastgeschenk willkommen.

Scharfe Walnüsse

Eine pikante Begleitung zum Aperitif oder Käse und knusprige Würze für Suppen oder Salate.

3 EL geschmolzene Butter • 1 EL Worcestershiresauce • je ½ TL Salz, schwarzer Pfeffer und Chilipulver • ¼ TL gemahlener Kreuzkümmel • 500 g Walnüsse

Den Backofen auf 150 °C vorheizen. Die Butter mit der Sauce und den Gewürzen verrühren. Die Nüsse mit der Mischung überziehen und auf Backpapier etwa 30 Minuten unter gelegentlichem Wenden backen. In einem dicht verschlossenen Behälter kühl lagern.

Walnuss-Vinaigrette

Als Salatdressing oder Würzsauce zu Käse und Antipasti.

1 EL Weißwein- oder Apfelessig • 1 TL Senf • Salz • schwarzer Pfeffer • 3 EL Walnussöl • 3 EL fein gehackte Walnüsse • 1 EL gehackte Petersilie oder Dille

Essig, Senf, Salz und Pfeffer verrühren. Das Öl nach und nach kräftig einschlagen. Walnüsse und Kräuter einrühren. Für eine dickere Sauce 5 EL gemahlene Walnüsse verwenden.

Walnuss Senf mit Calvados

300 ml Apfelsaft • 150 ml Apfelessig • 2–3 EL Honig oder brauner Rohrzucker • 2 EL Salz • 200 g gelbes Senfmehl • 50 g fein gehackte oder gemahlene Walnüsse • 10 g grob zerstoßene braune Senfsamen • 1 Prise getrockneter Estragon • 8 cl Calvados

Apfelsaft, Essig und Honig 3 Minuten kochen. Die restlichen Zutaten einrühren. Sollte die Masse zu fest werden, etwas kochendes Wasser hinzufügen. Den Senf in kleine Gläser füllen und zwei Wochen reifen lassen. Kühl und dunkel lagern.

Für Eilige: Senf einer guten Marke mit Walnüssen, Calvados und ein wenig Honig mischen.

Krensauce mit Walnüssen

Escoffier schwärmte von dieser Sauce, die hervorragend (nicht nur) zu Fisch, Fleisch und deftigen Würsten passt.

100 g frisch gerissener Kren • 100 g gehäutete, fein gehackte Walnüsse • Saft von ½ Zitrone • je 1 Prise Staubzucker und Salz • 2–3 EL Obers • 1 TL fein gehackte Petersilie nach Belieben

Die Zutaten zu einer dickflüssigen Sauce verrühren.

Sarsa de Noxe – Salsa di Noci

Walnusspesto

Diese ligurische Spezialität reicht man traditionellerweise zu *Pansoti*, dreieckigen Ravioli mit Ricotta-Kräuterfülle. Kurz vor dem Servieren wird der Pesto mit etwas heißem Pastakochwasser, Butter und geriebenem Parmesan vermischt.

2 dicke Scheiben entrindetes Weißbrot • ca. 150 ml Milch, vorzugsweise Ziegenmilch • 200 g blanchierte Walnüsse • ½ Knoblauchzehe • Salz • 3 EL Olivenöl • reichlich frischer Majoran

Brot in der Milch einweichen, ausdrücken. Nüsse mit Knoblauch und Salz im Mörser zerstoßen. Brot und Öl einarbeiten. Mit Einweichmilch zu einer homogenen Paste rühren. Mit Majoran abschmecken.

Gorgonzolacreme mit Portwein

Die Creme eignet sich unter anderem als Brotaufstrich oder Füllung für Birnen.

200 g nicht zu weicher Gorgonzola oder anderer Blauschimmelkäse • ca. 100 ml Portwein • 50 g gehackte Walnüsse, auf Wunsch geröstet, plus mehr zum Bestreuen • schwarzer Pfeffer oder rosa Beeren

Die Zutaten in der Küchenmaschine zu einer glatten Creme mixen. Einige Stunden bis Tage ziehen lassen. Kurz vor dem Servieren mit Walnüssen bestreuen.

Muhammara
Paprika-Walnuss-Paste

Diese traditionelle türkische Würzpaste harmoniert bestens mit Käse, Fisch, Fleisch, Meeresfrüchten und gegrilltem Gemüse.

2 große fleischige rote Paprikaschoten • 2 Knoblauchzehen • 4 Scheiben altbackenes Weißbrot • 100 g geröstete Walnusskerne • 4 EL Olivenöl • 2 TL Harissa • Salz

Die Paprikaschoten unter dem Grill allseits kräftig rösten, bis die Haut leicht verbrannt ist. Die Schoten in Backpapier einschlagen und 10 Minuten rasten lassen. Stiel, Haut und Kerne entfernen. Das Fruchtfleisch grob hacken und mit den übrigen Zutaten im Mixer pürieren. Einige Stunden ziehen lassen.

Scharfer Walnusskrokant mit kandierten Orangenschalen

Eine reizvolle Begleitung zu Salat, Käse, Carpaccio und Rohschinken mit scharfen und zart bitteren Noten.

2 kleine Orangen • 150 g Zucker • 1 Rezept Walnusskrokant (s. S. 45) • 1 kleine gehackte Chilischote

Die Orangen schälen. Die weiße Schicht von der Schale entfernen und die Schalen in feine Streifen schneiden. Die Schalen mit kaltem Wasser bedecken, aufkochen, danach sofort abgießen. Den Zucker mit 70 ml Wasser 5 Minuten kochen. Die Orangenschalen einlegen und 1 Stunde mit Deckel ungestört simmern. Die Schalen in einem Sieb abtropfen lassen (der Sirup lässt sich zum Würzen verwenden) und auf Backpapier über Nacht trocknen lassen.

Den Krokant nach Rezept zubereiten und noch heiß mit Chili verrühren. Erkaltet grob reiben und die Orangenschalen darin wälzen.

Karamellisierter Speck mit Walnusskruste

Die aromatischen Speckstreifen eignen sich als Knabberei zum Aperitif oder als würziger Ergänzung für Salate, Suppen und Vorspeisen.

12 Scheiben Frühstücksspeck • 2 EL brauner Rohrzucker • 4 EL fein gehackte Walnüsse • Chilipulver nach Belieben

Den Backofen auf 180 °C vorheizen. Ein Backblech mit Backpapier belegen. Den Speck darauf verteilen und etwa 12 Minuten beinahe knusprig backen. Zucker und Walnüsse auf dem Speck verteilen und weitere 5 Minuten backen, bis der Zucker karamellisiert, Nach Wunsch mit Chilipulver bestreuen.

Agliata

Diese würzige Sauce passt vor allem zu Pasta und Oktopus.

70 g frisches Weißbrot • ca. 100 ml Milch • 200 g Walnüsse • 3–4 gehackte Knoblauchzehen • Salz

Das Weißbrot in der Milch kurz einweichen. Mit den übrigen Zutaten im Mixer zur gewünschten Konsistenz pürieren.

Schwarze Nüsse

Das Einlegen grüner Nüsse in Sirup ist bis in den Nahen Osten verbreitet. Eine klassische Beigabe zu dunklem Fleisch und Käse. Je nach Klima sind die Nüsse Ende Juni bis Anfang Juli ideal, wenn sich der Kern zu bilden beginnt, jedoch noch weiß und weich ist. Beim Verarbeiten unbedingt Handschuhe und eine Schürze tragen.

500 g grüne Nüsse • ½ TL Salz • 350 g Zucker • 1 kleine Zimtstange • 2 Gewürznelken • je 1 Stück Orangen- und Zitronenschale

Die Nüsse mehrfach mit einer Spicknadel anstechen. Mit kaltem Wasser bedeckt 14 Tage stehen lassen, dabei das Wasser täglich wechseln. Nüsse in frischem Salzwasser 10 Minuten kochen, abgießen. Zucker mit 1 Liter Wasser, Zimt, Nelken und Zitrusfruchtschalen aufkochen, Nüsse einlegen, nochmals aufkochen. Über Nacht abkühlen lassen. Sud abgießen, etwas einkochen und erneut über die Nüsse gießen. Über Nacht abkühlen lassen. Den Vorgang weitere 4 Mal wiederholen. Nüsse in Gläser schlichten. Gewürze entfernen, den Sud nochmals aufkochen und über die Nüsse gießen. Gläser verschließen und im Wasserbad 20 Minuten pasteurisieren.

VORSPEISEN UND SALATE

Crudité mit Orangen und Walnussdip

Je 150 g junge Karotten, Fenchel und Selleriestangen in dünnen Scheiben • 1 Frühlingszwiebel in Röllchen • 1 geschälte Orange in Scheiben • Saft von 1 Orange • 2 EL Walnussöl • 1 TL Honig • 1 Prise Zimt • Salz • schwarzer Pfeffer • 4 EL geriebene Walnüsse, auf Wunsch geröstet • 1 EL gehackter Kerbel

Karotten, Fenchel, Sellerie, Frühlingszwiebel auf den Orangenscheiben anrichten. Orangensaft mit Walnussöl, Honig, Zimt, Salz und Pfeffer verrühren. Geriebene Walnüsse hinzufügen und auf dem Gemüse verteilen. Mit Kerbel bestreut servieren.

Ispanakhi Salati

Georgischer Spinatsalat mit Walnüssen und Granatapfelsamen

400 g Blattspinat • Salz • 2 EL Olivenöl • 1 EL Essig • 1 fein gehackte Knoblauchzehe • Cayennepfeffer • 2 gehackte Frühlingszwiebeln • 2 EL gehacktes Koriandergrün • 1 kleine Handvoll Granatapfelkernen • 5 gehackte Walnusshälften

Den Spinat mit ein wenig Salz und einigen Spritzern Wasser mit Deckel dämpfen, bis die Blätter zu einer weichen Masse zusammenfallen. Die Flüssigkeit abgießen. Öl, Essig, Knoblauch und Cayenne mischen. Den Spinat einrühren und auf einer großen flachen Platte anrichten. Die übrigen Zutaten dekorativ darüberstreuen.

Gurken mit Ziegenkäse und Walnussdressing

1 kleine Feldgurke in dünnen Scheiben • 3 EL Walnussöl • 1 EL Weißweinessig • Salz • weißer Pfeffer • 150 g Ziegenfrischkäse • 1 EL gehackte Dille oder krause Petersilie • 2 EL gehackte geröstete Walnüsse

Die Gurkenscheiben auf kleinen Tellern anrichten. Walnussöl, Essig, Salz und Pfeffer verrühren und über die Gurken träufeln. Kurz ziehen lassen. Den Ziegenkäse auf den Gurkenscheiben verteilen. Mit den Kräutern und Walnüssen bestreut servieren.

Pchali aus Blättern der roten Rübe

In Georgien wird Pchali aus diversen Gemüsesorten zubereitet. Die Basis besteht aus Walnüssen, Zwiebel, Knoblauch und frischen Kräutern. Als saures Element dient Granatapfel oder Essig. Zum Würzen wird gerne Khmeli-Suneli verwendet, eine Mischung aus Koriander- und Dillsamen, Lorbeer, Majoran, Basilikum, Schabzigerklee und Pfeffer, mitunter auch mit Bohnenkraut, Estragon, Saflor, Petersilie, Minze und Ysop.

800 g Blätter der roten Rübe, ersatzweise Blattspinat • Salz • 100 g Walnüsse • 1 große Zwiebel • 2 Knoblauchzehen • 1 Chilischote • 1 EL Essig • 30 g fein gehacktes Koriandergrün • je 15 g fein gehackte Dillspitzen und Petersilie • gemahlene Koriandersamen

Rübenblätter in Salzwasser weichkochen, abtropfen lassen und grob hacken. Walnüsse, Zwiebel, Knoblauch und Chili mit Essig im Mixer pürieren und intensiv mit den Rübenblättern und den Gewürzen verkneten. Mit Salz abschmecken. Einige Stunden gekühlt ziehen lassen.

Waldorfsalat

Eine erfrischend leichte Version des Klassikers, der ursprünglich übrigens keine Walnüsse enthielt. Köstlich auch mit Knollensellerie.

4 Stangen Sellerie in Scheibchen • 2 säuerliche Äpfel mit roter Schale • 40 g gehackte Walnüsse • 2 EL Zitronensaft • 150 g griechisches Joghurt • Salz • schwarzer Pfeffer • Sellerieblätter zum Bestreuen

Alle Zutaten mischen und einige Stunden im Kühlschrank ziehen lassen. Mit Sellerieblättchen garniert servieren.

Chicorée mit Roquefort, Pflaumen und karamellisierten Walnüssen

300 g Chicorèe • 4 entsteinte Pflaumen in Würfeln • 1 Bio-Orange • ½ Bio-Zitrone • 3 EL Walnussöl • Salz • rosa Beeren • 100 g Roquefort in Würfeln • 2 EL gehackte karamellisierte Walnüsse (Seite 45) • 1 EL Dillspitzen

Den Chicorée in Streifen schneiden, mit den Pflaumen mischen. Den Saft und etwas Schale der Zitrusfrüchte mit Walnussöl, Salz sowie rosa Beeren verrühren; Chicorée und Pflaumen damit beträufeln. Mit Roquefort, Walnüssen und Dille bestreut sofort servieren.

Rote Rübe und Quitte mit geräucherter Entenbrust

Köstlich auch mit geräuchertem Schafskäse anstelle der Entenbrust.

3 EL Walnussöl • 1 EL Quitten- oder Apfelessig • Salz • schwarzer Pfeffer • gemahlene Koriandersamen • 2 EL gehackter Schnittlauch • 2 kleine Endivien und 1 großer säuerlicher Apfel in Streifen • je 1 kleine gekochte rote Rübe und Quitte ohne Schale in Scheiben • 400 g geräucherte Entenbrust in feinen Scheiben • 2 EL gehackte geröstete Walnüsse

Walnussöl, Essig, Salz, Pfeffer, Koriandersamen und 1 EL Schnittlauch verrühren. Endivien und Apfel mit dem Dressing mischen. Rote Rübe und Quitte auf Tellern anrichten. Endivien, Apfel und Entenbrust darauf verteilen. Mit Walnüssen und dem restlichen Schnittlauch bestreut servieren.

Hühnerleber auf Artischockenherzen

2 feingehackte Schalotten • 1 EL Butter • 4 Hühnerlebern • 2 EL Walnussöl • 1 EL Apfelessig • Salz • schwarzer Pfeffer • 150 g Feldsalat • 4 Artischockenherzen • 2 EL gehackte Walnüsse • 1 EL gehackter Estragon

Schalotten in Butter glasig dünsten. Hühnerlebern hinzufügen und rosa braten. In der Zwischenzeit Walnussöl, Essig, Salz und Pfeffer verrühren. Feldsalat mit dem Dressing mischen und auf Tellern anrichten. Artischockenherzen darauflegen. Die noch warmen Lebern auf die Artischocken legen. Mit Walnüssen und Estragon bestreut sofort servieren.

Georgische Auberginenröllchen

1 kg Auberginen längs in 1 cm dünne Scheiben geschnitten • Öl zum Braten • 150 g fein gehackte Walnüsse • 3 feinst gehackte Knoblauchzehen • 1 sehr fein gehackte Zwiebel • je 3 EL fein gehacktes Koriandergrün und fein gehackte Petersilie • 1 EL fein gehackte Sellerieblätter • 1 gehackte Chilischote • Salz • 1 EL Granatapfelmelasse, ersatzweise 1 TL Essig • Kerne von ½ Granatapfel

Die Auberginenscheiben beidseits im Öl hellgolden braten. Abtropfen lassen. Die übrigen Zutaten mischen, dabei einige Granatapfelkerne zum Dekorieren beiseitelegen. Die Auberginenscheiben mit der Mischung bestreichen und einrollen. Am besten über Nacht ziehen lassen. Kurz vor dem Servieren mit Granatapfelkernen dekorieren.

Thunfisch im Walnussmantel

400 g Thunfischfilet • 8 EL Sojasauce • 100 g fein gehackte Walnüsse, auf Wunsch geröstet • rosa Beeren oder schwarzer Pfeffer

Thunfischfilet in der Sojasauce wenden. Nüsse über die gesamte Oberfläche verteilen und gut festdrücken. In einer trockenen beschichteten Pfanne pro Seite 2–3 Minuten scharf anbraten. Fisch in 2 cm breite Streifen schneiden, rosa Beeren darübermahlen. Sofort servieren.

SUPPEN

Pilzsuppe mit Walnüssen

Als Beigabe zu dieser Suppe passen mit Roquefort überbackene Brotscheiben.

1 Bund Frühlingszwiebel • 2 Selleriestangen in dünnen Scheiben • 500 g Pilze nach Wahl in Scheibchen • 2 EL Butter • 800 ml Gemüse- oder Hühnerfond • 100 g gemahlene Walnüsse • 2 Scheiben altbackenes Weißbrot in Stückchen • Thymian • 1 kleines Glas Sherry • 150 ml Schlagobers nach Belieben • Salz • schwarzer Pfeffer • 1 Handvoll Sellerieblätter oder Petersilie • 1 EL Öl

Frühlingszwiebel, Sellerie und Pilze in der Butter zart anbräunen. Den Fond zugießen, Walnüsse, Brot und Thymian einrühren. Bei milder Hitze 20 Minuten kochen. Nach Wunsch pürieren. Sherry und, falls verwendet, Schlagobers einrühren. Mit Salz und Pfeffer abschmecken. Sellerieblätter im heißen Öl einige Sekunden knusprig braten. Kurz vor dem Servieren auf die Suppe streuen.

Joghurtsuppe mit Weichseln und Walnüssen

Diese Sommersuppe wird mit Eiswürfeln noch erfrischender.

2 schlanke Salatgurken in kleinen Würfeln • 500 ml Joghurt • 150 g halbierte Weichseln ohne Stein • 100 g geröstete gehackte Walnüsse • Salz • rosa Beeren • frische Minze oder Dillspitzen zum Bestreuen

Alle Zutaten verrühren und gut gekühlt servieren. Wer die Walnüsse knackig mag, fügt sie erst kurz vor dem Servieren hinzu.

Georgische Tomatensuppe

1 große gehackte Zwiebel • 1 EL Öl • 800 g gehackte fleischige Tomaten • 40 g fein gehackte Walnüsse • Salz • roter Pfeffer, ersatzweise schwarzer • 1 Bund fein gehackter frischer Koriander

Zwiebel im Öl glasig dünsten. Mit den Tomaten und etwa 150 ml Wasser bei Mittelhitze 15 Minuten kochen. Mit dem Pürierstab pürieren. Walnüsse hinzufügen und weitere 5 Minuten kochen. Mit Salz, Pfeffer und Koriander würzen. Schmeckt warm und kalt.

Hühnersuppe mit Walnussbällchen

Diese Suppe macht 6 Personen satt.

2 Hühnerrücken und etwas Hühnerklein • 1 große Zwiebel in Stücken • 2 Karotten in dicken Scheiben • 2 Selleriestangen mit Blättern in großen Stücken • einige Petersilienstängel • 1 Prise Safran oder Kurkuma • Salz• Pfeffer • 2 Eier • 250 g gemahlene Walnüsse • Saft von 1–2 Zitronen

Die Hühnerteile mit Zwiebel, Karotten, Sellerie und Petersilienstängeln in 2 ½ Litern Wasser aufkochen. Den

Schaum abschöpfen. Safran, Salz und Pfeffer hinzufügen und 1 Stunde mit Deckel kochen. Die Suppe durch ein feines Sieb filtern und auf gut 1 ½ Liter einkochen.

Für die Bällchen die Eier leicht verschlagen. Mit Walnüssen und Salz mischen. Aus der Masse walnussgroße Bällchen formen und 10 Minuten in der Suppe ziehen lassen. Kurz vor dem Servieren den Zitronensaft einrühren.

Walnusscremesuppe mit Orangen

2 Lauchstangen in Röllchen • 3 gehackte Knoblauchzehen • 1 EL Butter oder Öl • 150 g gehackte geröstete Walnüsse • 1 L Gemüse- oder Hühnerfond • geriebene Schale und Saft von 2 Bio-Orangen • 150 g Joghurt • Zimt • schwarzer Pfeffer • 1 Bund gehackte Petersilie

Lauch und Knoblauch in der Butter weich dünsten. Mit den Walnüssen und 200 ml Fond pürieren. Mit dem restlichen Fond 4 Minuten köcheln. Vom Herd nehmen. Orangenschale, -saft, Joghurt, Zimt und Pfeffer einrühren. Mit Petersilie bestreut servieren.

GEMÜSEGERICHTE UND BEILAGEN

Grüner Spargel mit Walnussbröseln

Auch weißer Spargel, Schwarzwurzeln, Mangoldstiele, Rhabarber, Artischockenböden, Brokkoli, Karfiol und gebratener Chicorée eignen sich für dieses Rezept. Dazu passen junge Kartoffeln.

1 kg grüner Spargel • Salz • rosa Beeren oder schwarzer Pfeffer • 4 EL fein gehackte Walnüsse • 4 EL Butter • 2 EL Semmelbrösel • 2 EL fein gehackte Petersilie oder Dille

Spargel in Salzwasser bissfest kochen. Abtropfen lassen, rosa Beeren darübermahlen. Walnüsse in der Butter hellgolden braten. Semmelbrösel und etwas Salz einrühren und kurz weiterbraten. Spargel mit den Bröseln und Petersilie sofort servieren.

Artischockenböden in Walnusssauce

Die Sauce passt auch bestens zu gebratenem Chicorée, Karfiol, Brokkoli, Schwarzwurzeln, (Stangen-)Sellerie und Blattgemüse.

Je 250 ml Hühnerfond und Milch • 1 EL Olivenöl • 1 EL Mehl • 1 gehackte Knoblauchzehe • 40 g gemahlene Walnüsse • Salz • schwarzer Pfeffer • 400 g gekochte Artischockenböden • 2 EL gehackte Petersilie oder Kerbel

Hühnerfond und Milch erwärmen. Öl erhitzen, Mehl darin kurz anschwitzen. Knoblauch hinzufügen. Fondmilch portionsweise einrühren und bei milder Hitze unter gelegentlichem Rühren eindícken lassen. Walnüsse einrühren. Mit Salz und Pfeffer abschmecken. Artischockenböden in der Sauce erwärmen. Mit Kräutern bestreut servieren.

Gebratener Fenchel mit Walnüssen

2 Fenchelknollen in dünnen Scheiben • 2 EL Butter • 2 EL gehackte geröstete Walnüsse • Salz • schwarzer Pfeffer • 1 EL Zitronensaft • Fenchelgrün

Fenchel in Butter goldbraun braten. Walnüsse, Salz und Pfeffer hinzufügen. Mit Zitronensaft beträufeln und mit Fenchelgrün bestreuen.

Tav Sponav
Persischer Spinatauflauf

500 g Spinat • 4 EL Öl • 4 Eier • 100 g grob gehackte Walnüsse • 1 großer Bund Frühlingszwiebeln in Scheiben • 4 EL gehacktes Koriandergrün • je 2 EL gehackte Minze und Dille • Muskatnuss oder Piment • Salz • Pfeffer • 250 g Joghurt

Eine flache Backform mit 2 EL Öl auspinseln. Den Spinat mit dem restlichen Öl und einigen Spritzern Wasser in einer Pfanne zugedeckt zu einer weichen Masse zusammenfallen lassen. Überschüssige Flüssigkeit in einem Sieb abpressen. Die Blätter grob hacken.

Den Backofen auf 180 °C vorheizen. Die Eier mit dem Spinat und den übrigen Zutaten, Joghurt ausgenommen, mischen und in der Form 45 Minuten backen. Heiß oder kalt mit Joghurt servieren.

Eierschwammerln mit Marillen und Walnüssen

1 feingehackte Zwiebel • 2 EL Butter • 500 g grob gehackte Eierschwammerln • 6 fein gehackte Trockenmarillen • 150 ml Gemüse- oder Hühnerfond • 80 g gehackte geröstete Walnüsse • Saft von ½ Zitrone • Salz • schwarzer oder grüner Pfeffer • gemahlene Muskatnuss • 1 EL gehackter Kerbel

Zwiebel in Butter glasig dünsten. Eierschwammerl, Marillen und Fond hinzufügen. Unter gelegentlichem Rühren etwa 6 Minuten sanft köcheln. Restliche Zutaten einrühren und sofort servieren.

Lobio

Georgischer Bohnentopf

1 große gehackte Zwiebel • 2 EL Öl • 2 gehackte Knoblauchzehen • 1 kg gekochte rote Bohnen • 50 g gehacktes Koriandergrün • gemahlener Schabzigerklee • gemahlene Koriandersamen • schwarzer Pfeffer • Kreuzkümmel • Chili nach Wunsch • Salz • 60 g fein gehackte Walnüsse • 1–2 EL Granatapfelmelasse • Granatapfelkerne

Die Zwiebel im Öl braun braten. Knoblauch kurz mitrösten. Bohnen, Gewürze, Nüsse und Granatapfelmelasse einrühren. Mit Wasser aufgießen und 5 Minuten kochen. Mit Granatapfelkernen bestreut servieren.

Kohlsprossen mit Kastanien und Walnüssen

Diese Beilage wird mit Kartoffeln zur angenehm wärmenden Winterhauptspeise. Für dieses Rezept eignen sich auch grüne oder breite Bohnen.

800 g Kohlsprossen • Salz • 1 gehackte Zwiebel • 1 EL Butter oder Öl • 1 gehackte Knoblauchzehe • 200 g essfertige Kastanien • Pfeffer • 1 dezente Prise Muskatnuss • 3 EL gehackte Walnüsse • 2 EL gehackte Petersilie • 50 g gerösteter Speck nach Wunsch

Die Strünke der Kohlsprossen kreuzförmig einschneiden und das Gemüse in Salzwasser bissfest kochen, danach abtropfen lassen. Die Zwiebel in der Butter anrösten. Den Knoblauch kurz mitrösten. Kohlsprossen und Kastanien hinzufügen. Mit Salz, Pfeffer und Muskat würzen und gut erwärmen. Die Walnüsse einrühren. Mit Petersilie und, falls verwendet, Speck bestreut servieren.

Honigglasierte Pastinaken mit Walnuss

Auch Knollensellerie, Petersilienwurzeln, Karotten oder Kürbis eignen sich für diese Beilage, die besonders gut zu hellem Fleisch oder Fisch passt und mit Kartoffelpüree zur Hauptspeise wird.

800 g Pastinaken in schmalen Stiften • 4 EL gehackte Walnüsse • 2 EL Honig • 3 EL geschmolzene Butter • Salz • schwarzer Pfeffer

Den Backofen auf 220 °C vorheizen. Ein Backblech mit Backpapier belegen. Pastinaken mit den übrigen Zutaten mischen, auf dem Blech verteilen und unter gelegentlichem Wenden 25–30 Minuten goldbraun backen.

Rotkraut mit karamellisierten Quitten und Walnüssen

1 kleiner Kopf Rotkraut in schmalen Streifen • Salz • 1 große Zwiebel in Ringen • 3 EL Öl • 2 geschälte Quitten oder Äpfel in schmalen Spalten • 1 Prise Zucker • 250 ml Rotwein • schwarzer Pfeffer • gemahlene Koriandersamen • 3 EL karamellisierte Walnüsse (s. S. 45) • 1 EL gehackte krause Petersilie

Das Rotkraut dezent einsalzen und 20 Minuten ziehen lassen. Den Backofen auf 180 °C vorheizen. Die Zwiebel in 1 EL Öl hellgolden rösten. Die Quitten in 2 EL Öl mit kurz anbraten. Den Zucker hinzufügen und zart karamellisieren lassen. Kraut, Zwiebel und Quitten eng in eine feuerfeste Form schlichten und mit Alufolie bedeckt 20 Minuten backen. Folie entfernen, vorsichtig umrühren. Je nach Alter des Krauts und der Quittensorte weitere 15–20 Minuten backen. Kurz vor dem Servieren Walnüsse und Petersilie darüberstreuen.

Getrüffeltes Selleriepüree mit Walnüssen

Auch Pastinaken, Kürbis oder Kartoffeln machen sich gut in diesem Rezept.

800 g Knollensellerie in Würfeln • 4 EL Butter • 4 EL Orangensaft • Salz • schwarzer Pfeffer • 150–200 ml Kaffeeobers • einige Tropfen Trüffelöl • 4 EL gehackte geröstete Walnüsse • 2 EL gehackte junge Sellerieblätter

Sellerie in der Butter einige Minuten andünsten. Mit Orangensaft, Salz, Pfeffer und ein wenig Wasser weich dünsten. Mit dem Obers pürieren, wieder erwärmen. Trüffelöl einrühren. Mit den Walnüssen und Sellerieblättern bestreut sofort servieren.

Kürbis mit Rosmarin und Walnusskrokant

800 g Kürbisfleisch in 3 cm breiten Scheiben • 3 EL Olivenöl • 2 gehackte Knoblauchzehen • grob gehackte Nadeln von 2 Rosmarinzweigen • schwarzer Pfeffer • Meersalzflocken • 4 EL Walnusskrokant (s. S. 45)

Den Backofen auf 180 °C vorheizen. Ein Backblech mit Backpapier belegen. Kürbisfleisch darauf verteilen. Mit Olivenöl, Knoblauch, Rosmarin und Pfeffer mischen. Meersalzflocken darüberstreuen und etwa 35 Minuten backen. Kurz vor dem Servieren mit Walnusskrokant bestreuen.

Risotto mit Gorgonzola, Birne und Walnuss

1 fein gehackte Schalotte • 5 EL Butter • 300 g Risottoreis, vorzugsweise Carnaroli • 125 ml Weißwein • Gemüse- oder Hühnerfond nach Bedarf • 2 Birnen in Würfeln • 80 g Gorgonzola in Würfeln • 80 g geriebener und 20 g gehobelter Parmesan • 40 g gehackte Walnüsse, auf Wunsch geröstet • Birnenspalten mit Zitronensaft als Dekor • schwarzer Pfeffer

Schalotte in 3 EL Butter glasig dünsten. Reis einige Minuten mitbraten. Weißwein zugießen und unter gelegentlichem Rühren verdampfen lassen. Fond schöpferweise hinzufügen. Die Flüssigkeit dabei jeweils unter Rühren vom Reis aufnehmen lassen. Nach etwa 15 Minuten Birnen Gorgonzola und geriebenen Parmesan, zuletzt restliche Butter einrühren. Mit gehobeltem Parmesan, Walnüssen und Birnenspalten belegt servieren. Pfeffer darübermahlen.

HAUPTSPEISEN

Tacos mit Walnussfüllung

350 g Vollkornmehl (am besten Dinkel) • 1 TL Backpulver • 1 Prise Salz • 5 EL Öl • 1 große gehackte Zwiebel • 1 gehackte Knoblauchzehe • 3 EL Öl • 200 g Walnüsse • 200 g gekochte rote Kidneybohnen • 1 gehackte Chilischote • geräuchertes Paprikapulver • Oregano • gemahlener Kreuzkümmel • Salz • schwarzer Pfeffer • 200 g gekochte Maiskörner • 4 reife Tomaten in Scheiben • Korianderblättchen

Für die Tacos Mehl, Backpulver und Salz mischen. Mit Öl und 200 ml lauwarmem Wasser zu einem glatten Teig kneten. Teig in 8–12 Stücke teilen, Kugeln formen und 30 Minuten bedeckt rasten lassen. Teig dünn ausrollen. In einer beschichteten Pfanne mit wenig Öl beidseits bei Mittelhitze je 1 Minute braten. Mit einem Tuch bedecken, damit sie nicht austrocknen.

Für die Füllung Zwiebel und Knoblauch in 2 EL Öl hellgolden braten. Mit den Walnüssen, Bohnen und Gewürzen in der Küchenmaschine grob hacken. Maiskörner einrühren. Die Masse im restlichen Öl in einer großen Pfanne kräftig anbraten.

Die Tacos mit Tomatenscheiben belegen, mit der Masse füllen und mit Koriander bestreut servieren.

Sfoglia di funghi alla crema di noci
Pilztorte mit Walnusscreme

Dieser beliebte italienische Klassiker eignet sich auch als Vorspeise. Für eine vegetarische Variante ersetzt geriebener Käse den Schinken.

Für die Walnusscreme: 1 dicke Scheibe Weißbrot ohne Rinde • 3 EL Milch • 2 EL Butter • 1 fein gehackte Schalotte • 1 Ei • 50 g gehackter Kochschinken • 100 g gehackte Walnüsse • 120 ml Schlagobers • Salz • weißer Pfeffer

Für die Pilztorte: 1 EL Mehl • 300 g Blätterteig • 100 g getrocknete Bohnen • 1,2 kg gemischte Pilze – Steinpilze, Eierschwammerl (Pfifferlinge), Champignons • Salz • 1 gehäufter EL Butter • 1 halbierte Knoblauchzehe • 2 Stämmchen krause Petersilie

Das Brot in kleine Stücke zupfen und in der Milch einweichen. Die Butter in einer kleinen Pfanne schmelzen. Die Schalotte darin bei milder Hitze unter gelegentlichem Rühren weich dünsten. Das Brot ausdrücken und mit den übrigen Zutaten für die Sauce pürieren. Kühlen.

Den Backofen auf 160 °C vorheizen. Eine Quicheform mit Mehl ausstauben und mit dem Blätterteig auslegen. Den Teig mit einer Scheibe Backpapier belegen und mit den Trockenbohnen beschwert 10 Minuten backen. Die Walnusscreme aus dem Kühlschrank nehmen. Die Pilze in Salzwasser 5 Minuten blanchieren, abtropfen lassen und in dicke Scheiben schneiden. Die Butter schmelzen und den Knoblauch darin 2–3 Minuten bei milder Hitze dünsten, danach entfernen. Die Backofentemperatur auf 200 °C erhöhen. Den Tortenboden von Bohnen und Papier befreien und mit der Pilzcreme bestreichen. Die Pilze dekorativ darauf verteilen. Die Torte mit der Knoblauchbutter bestreichen und 30 Minuten backen. Mit Blattsalat servieren.

Forellen mit Fenchel und Walnuss

4 küchenfertige Forellen • Salz • schwarzer Pfeffer • 4 Knoblauchzehen in Stiften • 4 Stämmchen Thymian oder Estragon • 2 EL Butter • 2 Fenchelknollen in feinen Streifen • 1 große Zwiebel in Ringen • 250 ml trockener Weißwein • 150 g Crème fraîche • 3 EL gehackte geröstete Walnüsse • 1 EL gehackte krause Petersilie

Die Innenseiten der Forellen salzen und pfeffern. Knoblauch und Kräuter hineinlegen. Die Fische beidseits je 30 Sekunden in 1 EL Butter anbraten. Den Backofen auf 230 °C vorheizen. Eine feuerfeste Form mit der restlichen Butter fetten. Fenchel und Zwiebel in die Form schlichten, mit Salz und Pfeffer bestreuen, den Weißwein zugießen. Die Forellen darauflegen und etwa 8 Minuten backen. Die Fische aus der Form auf Teller heben. Das Gemüse mit der Crème fraîche verrühren, mit Walnüssen und Petersilie bestreut zu den Forellen reichen.

Sateni

Georgischer Fisch mit Walnuss Sauce

Dieses kalte Fischgericht ist perfekt an heißen Sommertagen.

1 EL Tamarindenpaste • 3 fein gehackte Knoblauchzehen • Saft von 3 cm geraspelter Ingwerwurzel • Salz • 4 Fischfilets, etwa 3 cm dick • 2 große fein gehackte Zwiebeln • 4 EL Öl • 200 g gemahlene Walnüsse • Salz • Chilipulver • 1 EL Weinessig • Kerne von ½ Granatapfel • 3 EL gehacktes Koriandergrün

Die Tamarindenpaste in 100 ml kochendem Wasser auflösen. Knoblauch, Ingwersaft und etwas Salz hinzufügen. Die Fischfilets in der erkalteten Flüssigkeit etwa 1 Stunde ziehen lassen.

Die Zwiebeln in 2 EL Öl sehr weich braten. Den Knoblauch aus der Marinade heben, trockentupfen und mitbraten, bis sich sein Aroma entwickelt. Die restliche Marinade, Walnüsse, Salz und Chili einrühren. Den Essig und so viel Wasser hinzufügen, dass eine dicke, cremige Sauce entsteht. Weitere 5–10 Minuten kochen.

Den Fisch im restlichen Öl beidseits je 5 Minuten braten. Die Filets auf eine Servierplatte legen und mit der Sauce übergießen. Erkaltet mit Granatapfelkernen und Koriander bestreut servieren.

Empanadas de Pishkado

Fischpastetchen mit Walnuss aus Mallorca

100 ml Sonnenblumenöl • Salz • ca. 200 g Mehl • 350 g Makrelenfilets • 70 g grob gehackte Walnüsse • Pfeffer • 2 EL gehackte Petersilie • 1 Eigelb

Das Öl, 60 ml warmes Wasser und Salz mischen. So viel Mehl einarbeiten, dass ein weicher, öliger Teig entsteht.

Für die Füllung den Fisch in gesalzenem Wasser etwa 8 Minuten pochieren, abgießen und zerpflücken. Mit den Walnüssen, Pfeffer und Petersilie mischen. Ein Backblech mit Backpapier belegen. Den Backofen auf 180 °C vorheizen.

Den Teig dünn ausrollen. Ein Bestäuben der Arbeitsfläche mit Mehl ist nicht nötig: Der ölige Teig haftet nicht. Kreise mit 10 cm Durchmesser aus dem Teig stechen. Der elastische Teig springt zusammen und muss daher vor dem Füllen wieder ein wenig ausgerollt werden. Jeweils einen Esslöffel Fülle in die Mitte der Teigkreise setzen. Den Teig zusammenfalten, die Ränder gut aneinanderdrücken und verdrehen, um die Pastetchen zu versiegeln. Das Eigelb mit etwas Wasser verschlagen, die Pastetchen bestreichen und 30–45 Minuten goldbraun backen. Heiß oder kalt servieren.

Hühnerspieße mit Walnusssauce

2 kleine Lauchstangen in dicken Scheiben • Salz • 2 Hühnerbrüste in 3 x 1 cm großen Stücken • 2 Kräuterseitlinge in Stücken • gemahlener Ingwer • 2 EL Öl • 2 gehackte Knoblauchzehen • 250 ml Kokosmilch • 150 g feingehackte geröstete Walnüsse • 1 EL brauner Zucker • rosa Beeren oder grüner Pfeffer • Garam masala • geriebene Schale von 1 Limette • 1 EL Limettensaft • 1 EL gehackte Petersilie

Den Lauch in Salzwasser 2 Minuten blanchieren, danach abtropfen lassen. 8 Holzspieße kurz in kaltem Wasser einweichen. Huhn, Lauch und Pilze abwechselnd auf die Holzspieße stecken. Mit etwas Ingwer bestreuen.

Für die Sauce den Knoblauch in 1 EL Öl anbraten. Kokosmilch zugießen und mit Walnüssen, Salz, Zucker, rosa Beeren und Garam masala 8–10 Minuten dick einkochen. Limettenschale einrühren.

Die Spieße im restlichen Öl bei Mittelhitze allseits goldbraun braten (ca. 5 Minuten). Mit Limettensaft beträufeln, Petersilie darüberstreuen und mit der Sauce servieren.

Khoresht-e Fesenjān
Persisches Huhn in Walnuss-Granatapfelsauce

Im Iran wird dieser aromatische Schmortopf heute meist mit Huhn zubereitet, gerne auch mit Ente oder Fasan, Fleischbällchen oder Lamm.

1 Brathuhn (ca. 1,5 kg) • 2 EL Öl • 1 gehackte Zwiebel • 1 EL Mehl • 300 g geröstete, fein gemahlene Walnüsse • 100 ml Granatapfelmelasse • 1 Lorbeerblatt • 1 Prise Safran • Salz • 2 TL Advieh (Gewürzmischung aus Zimt, Koriandersamen, Kardamom, Muskatnuss, Kreuzkümmel und Rosenblüten) • 2 EL Granatapfelkerne nach Belieben

Das Huhn zerteilen und im Öl allseits kräftig anbraten, aus der Pfanne heben. Die Zwiebel im selben Öl glasig dünsten. Lorbeer, Safran, Salz, Advieh und 100 ml Wasser einrühren. Die Hühnerstücke einlegen und mit Deckel unter gelegentlichem Rühren 15 Minuten sanft schmoren.

Das Mehl in einem großen Topf ohne weitere Zugaben zart anrösten. Mit ca. 200 ml Wasser aufgießen und glatt rühren. Die Walnüsse hinzufügen. Bei milder Hitze unter häufigem Rühren eindicken lassen, bis das Öl der Nüsse an die Oberfläche steigt. Den Pfanneninhalt hinzufügen und weitere 15 Minuten schmoren. Häufig umrühren. Schön heiß mit Granatapfelkernen bestreut servieren, am besten mit Safranreis.

Kalbsröllchen mit Champignons und Walnusscreme

1 Bund Frühlingszwiebel in Röllchen • 4 EL Butter • 200 g Champignons in Scheibchen • Salz • schwarzer Pfeffer • Thymian • 4 Kalbsschnitzel • 4 kleine blanchierte Kohlblätter • gemahlene Muskatnuss • 150 ml Weißwein • 1 kleines Lorbeerblatt • 40 g sehr fein gemahlene Walnüsse • 2 EL gehackte Petersilie

Frühlingszwiebel in 2 EL Butter glasig dünsten. Champignons hinzufügen und 5 Minuten braten. Mit Salz, Pfeffer und Thymian würzen. Kalbsschnitzel mit Kohl belegen. Zart mit Muskat bestreuen. Champignons darauf verteilen. Schnitzel einrollen und mit Küchengarn oder Zahnstochern fixieren. Röllchen in der restlichen Butter bei Mittelhitze allseits anbräunen. Bei milder Hitze unter gelegentlichem Wenden 10 Minuten garen. In der Zwischenzeit Weißwein mit Lorbeer auf die Hälfte einkochen. Lorbeer entfernen. Walnüsse einrühren. Mit Salz und Pfeffer abschmecken. Kalbsröllchen vom Garn oder Zahnstochern befreien. Auf vorgewärmten Tellern anrichten. Bratensatz mit der Walnusscreme aufgießen, gut verrühren und zu den Kalbsröllchen gießen. Mit Petersilie bestreuen.

Schweinsmedaillons mit Dörrzwetschken und Walnusskruste

350 ml halbtrockener Weißwein • 1 kleines Lorbeerblatt • 1 Stück Zimtstange • 8 entsteinte Dörrzwetschken in kleinen Stücken • 4 EL Butter • 1 EL scharfer Senf • 12 dünne Scheiben durchwachsener Speck • schwarzer Pfeffer • 12 Schweinsmedaillons à 60 g • 4 EL feingehackte Walnüsse • Meersalzflocken • 1 EL gehacktes Basilikum

Weißwein mit Lorbeer und Zimt auf die Hälfte einkochen. Gewürze entfernen und die Zwetschken 5–8 Minuten mitkochen. Pürieren.

Den Backofen auf 200 °C vorheizen. Eine feuerfeste Form mit Butter ausstreichen. Den Senf auf die Speckscheiben streichen, Pfeffer darübermahlen. Die Medaillons mit der mageren Speckseite nach unten umwickeln und in die Form schlichten. Die Walnüsse mit der restlichen Butter mischen und auf die Medaillons setzen. Mit Meersalzflocken bestreuen und 20–25 Minuten backen.

Die Medaillons auf vorgewärmte Teller legen. Die Sauce in die Form gießen und den Bratensatz darin auflösen, zu den Medaillons gießen. Mit Basilikum bestreut servieren.

Kaninchen mit Walnuss-Weichselsauce

Auch (wildes) Geflügel, Kalb, Schwein und Fisch machen sich gut in dieser Sauce.

1 Kaninchen in Stücken • 2 EL Öl oder Butter • 1 Lauchstange in Röllchen • 2 EL Senf • Blätter von 4 Zweigen Thymian • Salz • schwarzer Pfeffer • 200 ml Gemüse- oder Hühnerfond • 400 g entsteinte Weichseln • 50 ml Portwein • 4 EL gehackte geröstete Walnüsse • 2 EL fein gehackter Estragon

Kaninchen im Öl scharf anbraten. Lauch kurz mitbraten. Mit Senf, Thymian, Salz, Pfeffer und 100 ml Fond 20 Minuten mit Deckel dünsten, wenden und weitere 20 Minuten dünsten. In der Zwischenzeit Weichseln im restlichen Fond mit Portwein weich dünsten, pürieren, mit Salz und Pfeffer abschmecken. Kaninchen anrichten. Weichselsauce in die Kaninchenpfanne gießen, aufkochen und zum Fleisch gießen. Mit Walnüssen und Estragon bestreuen.

Lamm mit Datteln und Walnüssen

1 große, fein gehackte Zwiebel • 2 fein gehackte Knoblauchzehen • 3 EL Öl • 800 g Lammschulter ohne Knochen • Salz • reichlich Pfeffer • Safran • Ingwer • Muskatnuss • 300 g Datteln ohne Stein • Zimt • 1 EL geröstete Sesamsamen • 70 g grob gehackte geröstete Walnüsse

Zwiebel und Knoblauch im Öl braten, Fleisch allseits anbraten. Gewürze einrühren. Fleisch mit Wasser bedeckt bei milder Hitze 1½ Stunden sehr weich kochen. Bei Bedarf Wasser nachgießen. Datteln und Zimt hinzufügen. Weitere 15–20 Minuten kochen lassen, bis die Sauce eindickt. Sehr heiß mit Sesam und Walnüssen bestreut servieren.

Rehrücken im Walnussmantel

120 g Butter • 1 Eigelb • 2 TL Ahornsirup • 100 g fein gehackte geröstete Walnüsse • 50 g Semmelbrösel • Blätter von 2 Zweigen Thymian • 2 gemahlene Wacholderbeeren • Salz • schwarzer Pfeffer • 1 Rehrücken mit ca. 800 g (am besten vom Maibock) • 2 EL Öl

Butter mit Eigelb und Ahornsirup schaumig rühren. Walnüsse, Brösel, Thymian, Wacholder, Salz und Pfeffer einrühren. Masse in einem Gefrierbeutel zu einer dünnen Platte drücken und im Kühlschrank erstarren lassen.

Backofen auf 200 °C Oberhitze vorheizen. Rehrücken im Öl allseits kräftig anbraten. Gefrierbeutel an den Längsnähten aufschneiden. Eine Seite abziehen. Butterseite auf den Rehrücken legen, leicht andrücken und zweite Beutelhälfte abziehen. Rehrücken etwa 10 Minuten im Ofen garen, 10 Minuten rasten lassen. Backofengrill auf höchste Stufe aufheizen. Rehrücken etwa 3 Minuten gratinieren, bis die Kruste goldgelb wird. Fleisch schräg in Scheiben schneiden und sofort servieren.

Karamellisierte Walnüsse oder Walnusskrokant

Ein aromatischer Aufputz nicht nur für Süßes wie Sorbets, Cremes und Obstknödel. Auch Suppen, Salate, Gemüse, Kartoffel(krokette)n und Fleisch gewinnen an Raffinesse.

100 g Walnüsse • 75 g Zucker • Zimt nach Belieben

Die Walnüsse als Hälften oder – für Krokant – grob gehackt in einer großen Pfanne hellgolden rösten. Die Hitze reduzieren. Den Zucker hinzufügen und unter stetem Rühren karamellisieren. Auf Backpapier verteilen und abkühlen lassen.

Nunt

Jüdisches Walnusskonfekt

Ein beliebtes Mitbringsel zur Purimfeier, das im Kaukasus unter dem Namen Gosinach genossen wird.

250 g fein gehackte Walnüsse • 230 g Honig • 60 g Zucker

Die Nüsse in einer trockenen Pfanne kräftig anrösten. Honig und Zucker aufkochen, Nüsse einrühren und bei milder Hitze unter häufigem Rühren 15 Minuten kochen. Auf ein befeuchtetes Blech streichen. Sobald die Masse zu erstarren beginnt, mit einem befeuchteten Messer in Quadrate oder Rhomben schneiden.

Walnusskonfekt

Für dieses Rezept eignen sich alle Arten von Trockenfrüchten. Die Rumdosis hängt vom Trockenheitsgrad der Früchte ab. Sie sollten nicht allzu weich werden.

8 Trockenmarillen • 2–3 EL Rum • 1 Prise gemahlener Zimt • ca. 40 g gemahlene Walnüsse • 8 geröstete oder karamellisierte Walnusshälften • Orangenschale

Die Marillen 1 Stunde im Rum einweichen. Zart mit Zimt bestreuen und eine Seite in die gemahlenen Walnüsse tauchen. Die anderen Seiten mit den Walnusshälften belegen und sanft andrücken. Mit dem Zestenreißer etwas Orangenschale abziehen und darüberstreuen. In Konfektmanschetten servieren.

Weingartenpfirsichsorbet mit Walnussmakronen

Hervorragend auch mit Marillen oder Birnen.

500 g Weingartenpfirsichfleisch • 280 g Zucker • 5 EL Zitronensaft • Schale von ½ Zitrone • 4 Eier • Salz • 1 EL Rum oder Amaretto • Mark von ½ Vanilleschote • Zimt • 200 g gemahlene Walnüsse

Pfirsichfleisch mit 200 g Zucker, Zitronensaft und -schale pürieren. Eiweiß mit Salz steif schlagen. Unter die Pfirsichmasse heben. Masse mindestens 3 Stunden frieren. Zwischendurch umrühren, um eine cremige Konsistenz zu erhalten.

Den Backofen auf 150 °C vorheizen. Ein Backblech mit Backpapier belegen. Eigelb mit restlichem Zucker, Salz, Rum, Vanille und Zimt sehr schaumig rühren. Walnüsse einrühren. Mit einem Spritzbeutel oder 2 Teelöffeln kleine Makronen auf das Backpapier dressieren. Etwa 20 Minuten backen. Im Ofen auskühlen lassen.

Walnusscreme

200 g gemahlene geröstete Walnüsse • 4 EL Honig oder dunkler Rohrzucker • 3–4 EL Stärke • Mark von ½ Vanilleschote • Zimt • Salz • 800 ml Wasser oder Milch • 2 EL dunkler Rum oder Cointreau nach Belieben • 1 TL Kakaopulver

Walnüsse, Honig, Stärke, Vanille, Zimt und Salz mit 300 ml Wasser zu einer feinen Paste mixen. Mit der restlichen Flüssigkeit verrühren und bei milder Hitze zur gewünschten Konsistenz einkochen. Rum, falls verwendet, einrühren. Mit Kakaopulver bestreut warm oder kalt servieren.

Tschurtschela

Walnüsse im Traubensaftmantel

Die Creme zum Ummanteln wird als *Pelamuschi* zum Dessert gereicht.

500 ml Traubensaft • 50 g Maismehl • Zucker nach Belieben • Zimt • 500 g Walnüsse

Den Traubensaft mit Maismehl, Zucker, falls verwendet, und Zimt aufkochen. Unter Rühren eindicken lassen. Walnüsse auf Schnüre fädeln. Die Schnüre an Kochlöffelstiele binden. Nüsse mehrmals in die Traubencreme tauchen, bis sie dick ummantelt sind. Zwischen den Tauchgängen antrocknen lassen.

Kirschmousse mit Walnussschaum

500 g pürierte entsteinte Kirschen (vorzugsweise Weichseln) • 3 Eier • 3 EL Zucker • geriebene Schale von ½ Orange • 50 g fein gemahlene geröstete Walnüsse • 1 EL Honig oder Ahornsirup • Zimt • Salz • Minze

Das Kirschpüree im Wasserbad mit 2 Eigelb und 2 EL Zucker unter stetem Rühren andicken lassen. Orangenschale einrühren. Walnüsse mit 1 Eigelb, Honig und Zimt verrühren. Eiweiß mit Salz steif schlagen. Restlichen Zucker einarbeiten. Schnee von 2 Eiweiß unter die Kirschmasse ziehen, restlichen Schnee unter die Nüsse heben. Kirschmousse und Nussschaum in Dessertschalen füllen und mindestens 2 Std. kühlen. Mit Minzblättern servieren.

Walnusseiscreme mit Steinpilzen

Eine reizvolle Kombination, die auch mit Käse bestens harmoniert.

2 Eigelb • 120 g Zucker • Mark von ½ Vanilleschote • Salz • 250 ml heiße Milch • 100 g geröstete gemahlene Walnüsse • 1 TL feinst gehackte getrocknete Steinpilze • 200 ml Schlagobers

Eigelb mit Zucker, Vanille und Salz gut verrühren. Milch in dünnem Strahl kräftig einschlagen. Unter stetem Rühren sanft erwärmen, nicht kochen. Walnüsse und Pilze einrühren. Masse 2 Stunden kühlen. Obers steif schlagen und unterheben. In der Eismaschine oder im Tiefkühler frieren. Bei der Zubereitung ohne Eismaschine stündlich umrühren.

Walnüsse mit Mandelfülle und Karamell

200 g gemahlene Mandeln • 100 g Staubzucker • 1–2 Tropfen Bittermandelöl nach Wunsch • 3 EL Rosen- oder Orangenblütenwasser • ca. 250 g Walnusshälften • 200 g Kristallzucker • 1 EL Zitronensaft

Mandeln mit Staubzucker, Bittermandelöl – falls verwendet – und Rosenwasser verkneten, bis die Mischung bindet. Jeweils einen gehäuften TL der Mandelmasse zu einer Kugel formen und zwischen zwei Walnusshälften drücken. Zucker mit 100 ml Wasser und Zitronensaft zu einem dunklen Sirup kochen. Walnüsse darin eintauchen und auf Backpapier abkühlen lassen. Der Sirup erstarrt zu einer dünnen Karamellschicht.

Karotten-Walnusshalva

Inspiriert von der indischen Küche, doch nicht so quietschsüß.

300 g geraspelte Karotten • 500 ml Milch • 150 ml Kaffeeobers • 150 g brauner Rohrzucker • 150 g sehr fein gemahlene blanchierte Walnüsse • ¼ TL gemahlene Kardamomsamen • 4 EL Walnusskrokant (s. S. 45) • Orangenzeste

Karotten, Milch und Obers in einem großen Topf bei Mittelhitze unter gelegentlichem Rühren 1 Stunde auf die halbe Menge einkochen. Zucker einrühren und 10 Minuten weiterkochen. Temperatur möglichst weit reduzieren. Walnüsse hinzufügen und 10 Minuten weiterrühren, bis die Masse sich vom Topfrand löst. Topf vom Herd nehmen. Kardamom einrühren. Halva auf einer großen Platte aufhäufen. Mit Walnusskrokant und Orangenzeste bestreut warm oder abgekühlt servieren.

Feine Walnusskekse ohne Mehl

Öl für das Backpapier • 250 g Walnüsse • 90 g Zucker • 1 Ei • Schale von 1 kleinen Orange • Zimt

Ein Backblech mit Backpapier belegen. Papier mit Öl bepinseln. Alle Zutaten in der Küchenmaschine zu einer festen Masse mixen, in der die Walnüsse noch ein wenig grob erscheinen. Den Backofen auf 180 °C vorheizen. Aus der Nussmasse mit befeuchteten Händen walnussgroße Kugeln formen. Mit etwas Abstand voneinander auf das Backpapier setzen und 25 Minuten backen.

Casadielles
Asturische Walnussröllchen

In Asturien werden die Röllchen frittiert zum Frühstück gegessen. Auch im Backofen gelingen sie.

350 g Mehl • 125 ml Öl • Salz • 1 Eigelb zum Bestreichen • 200 g gemahlene Walnüsse • 100 g Feinkristallzucker • 30 g Butter • 4 EL Anisschnaps

Mehl, Öl und Salz mit 125 ml warmem Wasser zu einem glatten Teig kneten. Walnüsse mit Zucker, Butter und Schnaps verrühren.

Frittieröl oder Backofen auf 150 °C vorheizen. Ein Backblech mit Küchen- oder Backpapier belegen. Eigelb mit etwas Wasser verrühren. Teig 2 mm dünn ausrollen und in 12 Rechtecke schneiden. Teigränder mit Eigelb bestreichen. Walnussgroße Stücke der Füllung zu Würsten formen und an eine Schmalseite der Rechtecke legen. Teig wie Zigarren aufrollen, an den Rändern gut zusammendrücken. Oberflächen mit restlichem Eigelb bestreichen. Röllchen goldgelb frittieren und auf Küchenpapier abtropfen lassen oder 30 Minuten im Ofen backen.

Assabih
Arabische Nussfinger

In der Türkei und in Nordafrika heißt das Gebäck Nusszigarren. Auch frittierte und in Sirup getauchte Versionen sind beliebt.

250 g gemahlene Walnüsse • 120 g Feinkristallzucker • 3 EL Orangenblütenwasser • 1 TL Zimt • geriebene Schale von ½ Orange • 250 g Filo oder Strudelteig • ca. 80 g geschmolzene Butter • Staubzucker zum Bestreuen

Walnüsse, Zucker, Orangenblütenwasser, Zimt und Orangenschale kneten, bis die Masse leicht bindet. Ein Backblech mit Backpapier belegen. Den Teig in etwa

10 cm breite Streifen schneiden und übereinander stapeln, damit er nicht austrocknet. Das jeweils oberste Teigblatt dünn mit Butter bepinseln, 1 gehäuften Teelöffel Fülle an ein schmales Ende setzen und den Teigstreifen wie eine Zigarette aufrollen. Nach ⅓ der Distanz die Seitenränder einschlagen, um die Fülle einzuschließen, und den Streifen weiter aufrollen. Zwischendurch den Backofen auf 180 °C vorheizen. Die fertigen Röllchen auf dem Blech 30–40 Minuten knusprigbraun backen. Nach dem Abkühlen mit Staubzucker bestreuen.

Für Assabih in Sirup kommen nur 4 EL Zucker in die Füllung. Nach dem Backen taucht man die Röllchen in einen kalten Sirup aus 250 g Zucker, 125 ml Wasser, je 1 EL Zitronensaft und Orangenblüten- oder Rosenwasser.

Ofenbirnen mit Walnuss und Basilikum

Butter für die Form • 80 g gemahlene Walnüsse • 2 EL Honig • 4 kleine halbierte Birnen ohne Kerngehäuse • 2 EL Zitronensaft • 100 ml Portwein • Orangenzeste • 2 Stämmchen vom kleinblättrigen griechischen Basilikum, ersatzweise Thymian

Eine flache Backform, in der die Birnen relativ knapp Platz finden, mit Butter auspinseln. Den Backofen auf 200 °C vorheizen. Honig und Walnüsse verrühren. Die Birnenhälften mit Zitronensaft bestreichen, mit der Nussmasse füllen und in der Form 20–25 Minuten backen. Zwischendurch mit dem entstehenden Saft begießen. Heiß mit Orangenzeste und Basilikumblättchen bestreut servieren.

Kastanien im Walnusshemd

200 g essfertige Kastanien • 1 EL kristallisierter Honig • 3 EL gehackte geröstete Walnüsse • Zimt • grob geraspelte Orangenschale

Kastanien mit Honig überziehen. In den Walnüssen wälzen. Mit Zimt und Orangenschale bestreuen.

Biscotti alle Nocine

Grüne Walnussbiscotti

250 g Mehl • Zimt • Salz • 1 TL Backpulver • 2 Eier • 180 g Zucker • 1 EL Walnusslikör • 100 g fein gehackte grüne Walnüsse

Mehl, Zimt, Salz und Backpulver mischen. Eier mit Zucker sehr schaumig schlagen. Likör, Mehlmischung und grüne Nüsse einrühren. Teig 30 Minuten rasten lassen.

Den Backofen auf 180 °C vorheizen. Ein Backblech mit Backpapier belegen. Mit feuchten Händen aus dem Teig Rollen mit 3 cm Durchmesser formen. Mit mindestens 5 cm Abstand auf das Backblech legen und etwa 20 Minuten hellbraun backen. Sofort schräg in kleinfingerdicke Scheiben schneiden. Backofentemperatur auf 200 °C erhöhen. Scheiben mit den Schnittflächen nach unten auf dem Blech verteilen und weitere rund 10 Minuten goldbraun backen.

Die nussigste aller Nusstorten

Ein Klassiker, der ursprünglich mit rosa Zuckerglasur überzogen und mit zuckerglasierten Walnüssen dekoriert wurde. Aber man soll es mit dem Zucker nicht gar so übertreiben.

200 g fein gemahlene Walnüsse • 100 g ungeschälte und 50 g blanchierte fein gemahlene Mandeln • 10 Eier • 200 g Zucker • Zimt • 100 g Stärke • 100 g Staubzucker • 80 ml Kaffeeobers oder Rotwein • (eingelegte) Früchte • 12 karamellisierte Walnusshälften (s. S. 45)

Den Backofen auf 175 °C vorheizen. Boden einer Springform mit Backpapier belegen. Eigelb mit Zucker und Zimt schaumig rühren. Je 100 g Walnüsse, ungeschälte Mandeln und Stärke einrühren. Eiweiß zu Schnee schlagen und unterheben. Masse in die Form gießen und etwa 1 Stunde backen. Die erkaltete Torte horizontal durchschneiden.

Für die Füllung restliche Walnüsse und blanchierte Mandeln mit Staubzucker und Obers zu einer dicken Paste rühren. Torte füllen. Mit Früchten und karamellisierten Walnusshälften dekorieren.

Walnusskuchen

125 g Weizenmehl plus mehr zum Ausrollen • Salz • 90 g Butter, plus mehr für die Form • 100 g getrocknete Hülsenfrüchte zum Blindbacken • 4 Eier • 250 g brauner Rohrzucker • 30 g geschmolzene Butter • Zimt • Mark von 1 Vanilleschote • 200 g Walnusshälften

Mehl mit Salz mischen, mit der Butter verbröseln. 3 EL eiskaltes Wasser zügig einkneten. Teig zu einer Kugel formen und 30 Minuten rasten lassen.

Den Backofen auf 200 °C vorheizen. Eine Backform buttern. Einen Kreis Backpapier im Durchmesser der Backform zuschneiden und buttern. Teig etwa 0,5 cm dick auf einer bemehlten Unterlage ausrollen, mit dem Nudelholz aufheben und über der Form locker abrollen. Überstehenden Teig 1,5 cm über dem Rand der Form abschneiden und zu einer doppelten Seitenfläche einschlagen. Teig gut festdrücken, ohne ihn zu verletzen. Backpapierscheibe auf den Teigboden legen und mit den Hülsenfrüchten bestreuen. Teigboden 8 Minuten auf mittlerer Schiene vorbacken.

Eier mit Zucker hellgelb schlagen. Nach und nach Butter, Zimt und Vanille, zuletzt die Walnüsse einrühren. Masse auf den vorgebackenen Teigboden gießen. Nüsse gleichmäßig verteilen. Auf mittlerer Schiene 35–40 Minuten backen, bis die Füllung fest zu werden beginnt.

Saftiger Walnusskuchen mit Weinbrand

Butter und Mehl für die Form • 5 Eier • 180 g Zucker • Mark von ½ Vanilleschote • 75 g geschmolzene Butter • 3 EL Weinbrand • 500 g gemahlene Walnüsse • 100 g Zucker • 1 EL Weinbrand • Orangenschale nach Belieben

Eine Springform (20 cm Ø) buttern und mit Mehl stauben. Backofen auf 180 °C vorheizen. Eier, Zucker und Vanille hellgelb schlagen. Butter und Weinbrand einrühren. Walnüsse hinzufügen. Masse 45 Minuten backen.

Zucker mit 250 ml Wasser verrühren und, falls verwendet, mit Orangenschale 5 Minuten sprudelnd kochen lassen. Weinbrand einrühren. Den Sirup noch heiß über den Kuchen träufeln. Mindestens 1 Stunde in der Form ziehen lassen.

Schoko-Walnusskuchen

Dieser eher dichte Kuchen mit zartschmelzendem Kern schmeckt warm oder kalt, am besten jedoch am Tag nach dem Backen.

Butter und Mehl für die Form • 100 g gehackte Bitterschokolade • 2 EL starker Kaffee • 50 g Butter • 3 Eier • 60 g Zucker • 70 g gemahlene geröstete Walnüsse • 1 EL Mehl • Salz • karamellisierte Walnüsse (s. S. 45) zum Dekorieren

Eine Springform (20 cm Ø) buttern und mit Mehl stauben. Bitterschokolade mit Kaffee im Wasserbad schmelzen. Butter, Eigelb und Zucker einrühren, danach Walnüsse und Mehl. Den Backofen auf 180 °C vorheizen. Eiweiß mit Salz steif schlagen und portionsweise unter die Schokolademasse heben. Masse in der Form etwa 20 Minuten auf der unteren Schiene backen, bis sich ein am Rand in den Teig gestochener Holzspieß sauber wieder herausziehen lässt. Die Mitte des Kuchens bleibt feucht. Nach dem Backen auf ein Kuchengitter stürzen.

Muffins mit Zucchini und Walnuss

Auch Kürbis ist sehr fein in diesem Rezept.
280 g Mehl • 180 g Zucker • 1 Packung Backpulver • 1 TL gemahlener Zimt • 1 TL gemahlene Muskatnuss • Mark von 1 Vanilleschote • ½ TL Salz • 100 g Butter in Würfeln • 60 ml Buttermilch • 2 leicht geschlagene Eier • 180 g geraspelte Zucchini • 80 g gehackte geröstete Walnüsse • 30 g dunkler Rohrzucker

Den Backofen auf 180 °C vorheizen. Muffinformen mit Papiermanschetten auslegen oder buttern und mit Mehl stauben. Mehl, Zucker, Backpulver, Zimt, Muskat, Vanille und Salz mischen. Mit der Butter flott verkneten. Buttermilch, Eier und gut ausgedrückte Zucchini einrühren, die Walnüsse unterheben. Die Formen ¾ hoch befüllen, mit dem dunklen Zucker bestreuen und 15–20 Minuten backen, bis ein in die Mitte gestochener Holzspieß sich sauber wieder herausziehen lässt.

Walnussmarmelade

Eine feine Verwendungsmöglichkeit der Walnüsse aus dem Ansatz für den Nocino (s. S. 57).

500 g grüne Walnüsse in Stückchen • 1 Zimtstange • 1 großer Apfel in Stückchen • 300 g Gelierzucker • Saft und fein geriebene Schale von 1 Zitrone oder ½ Orange • Mark von ½ Vanilleschote

Die Walnüsse mit Zimt knapp mit Wasser bedeckt weichkochen. Den Apfel kurz mitkochen. Zimt entfernen, Mischung pürieren und mit dem Zucker sowie Zitronensaft und -schale kurz aufkochen. Vanille einrühren. Heiß abfüllen.

Bananenbrot mit Walnusskruste

140 g Vollkornmehl • 70 g Weizenmehl • 1 gehäufter TL Backpulver • Salz • 200 ml Öl • 3 zerdrückte Bananen • 180 g brauner Rohrzucker • 2 Eier • fein geriebene Schale von ½ Limette oder Orange • Zimt • Mark von ½ Vanilleschote • 140 g grob gehackte Walnüsse • 2 EL flüssiger Honig • 4 EL Walnusskrokant (s. S. 45)

Den Backofen auf 180 °C vorheizen. Eine Kastenform fetten. Mehl mit Backpulver und Salz mischen. Öl mit Bananen, Zucker, Eiern, Limettenschale, Zimt und Vanille glatt mixen. Walnüsse und Mehlmischung unterheben. Die Masse in die Form gießen, glattstreichen und etwa 1 Stunde backen, bis ein in die Mitte gestochener Holzspieß sich sauber wieder herausziehen lässt. Die Form aus dem Ofen heben.

Die Backofentemperatur auf 220 °C erhöhen. Honig mit etwas Zimt verrühren. Auf das Brot streichen. Walnüsse darüberstreuen. Das Brot etwa 5 Minuten im Ofen weiterbacken, bis die Walnusskruste zu duften beginnt.

Walnuss»milch«

Als Gewürze eignen sich vor allem Vanille und Zimt(blüten), Orangenschale und Sternanis.

200 g Walnüsse, nach Wunsch geröstet

Walnüsse mit kaltem Wasser bedeckt 12 Stunden einweichen. Abgießen. Mit 1 l heißem Wasser zu einer homogenen Flüssigkeit mixen. Durch ein mit Tuch oder Küchenpapier ausgelegtes Sieb gießen und genießen. Die gut ausgedrückten Walnüsse sind für Smoothies, Müsli, Suppen oder Saucen verwendbar, getrocknet auch als Mehl.

Walnusssmoothie

100 g Walnüsse • 300 ml Kokosmilch • 300 ml eisgekühlter Kaffee • 2 Bananen in Stückchen • 4 große Datteln ohne Stein • Kakaopulver oder Zimt

Alle Zutaten mit Eiswürfeln im Mixer pürieren. Mit Kakao oder Zimt bestreuen.

Nocino

Nusserner

Seit Jahrhunderten das klassische Allheilmittel, das in keinem Haushalt fehlen darf.

20 grüne Walnüsse in Stücken • 1 kleine Zimtstange • 2 Gewürznelken • 1 Sternanis nach Belieben • 750 ml Weinbrand • 300–350 g Zucker

Walnüsse und Gewürze 4 Wochen unter gelegentlichem Rütteln an der Sonne stehen lassen. Abfiltern. Zucker mit 150 ml Wasser 5 Minuten kochen, abkühlen lassen, mit dem Nussansatz mischen und in Flaschen abfüllen. Dunkel möglichst lange reifen lassen.

KÜCHENWÖRTERBUCH

Dörrzwetschken	Trockenpflaumen
Eierschwammerl	Pfifferlinge
Kaffeeobers	Kaffeesahne
Karfiol	Blumenkohl
Karotten	Möhren
Kohl	Wirsing
Kohlsprossen	Rosenkohl
Kren	Meerettich
Marillen	Aprikosen
Melanzani	Auberginen
Obers	Sahne
Rosa Beeren	Rosa Pfeffer
Rote Rüben	Rote Bete
Rotkraut	Blaukraut, Rotkohl
Schlagobers	Schlagsahne
Semmelbrösel	Paniermehl
Staubzucker	Puderzucker
Weichseln	Sauerkirschen

MARGOT FISCHER

Die Anglistin und Ernährungswissenschaftlerin arbeitete in der Forschung und leitete ein Restaurant. Neben wissenschaftlichen Publikationen und Artikeln zu Ernährungsthemen veröffentlichte sie *Wilde Genüsse – Enzyklopädie und Kochbuch essbarer Wildpflanzen* und *Essbare Wildpflanzen für Einsteiger* sowie mehrere Kochbücher, die kulturhistorischen und ernährungsphysiologischen Hintergrund ebenso bieten wie zahlreiche klassische sowie von ihr selbst entwickelte Rezepte.

www.margot-fischer.net

REZEPTVERZEICHNIS

mandelbaums *kleine gourmandisen*

Jeweils 60 Seiten | Euro 14,– | Gebunden

ARTISCHOCKE
AVOCADO
BANANE
BASILIKUM
BIRNE
DATTEL
ERBSE
ERDNUSS
FEIGE
FENCHEL
GRANATAPFEL
GURKE
HASELNUSS
HEIDELBEERE
HOLUNDER
JOHANNISBEERE
KAKAO
KARFIOL BLUMENKOHL
KAROTTE MÖHRE
KICHERERBSE
MANDEL
MANGOLD
MARONE ESSKASTANIE
MELANZANE AUBERGINE
MOHN
MORCHEL
ORANGE
PASTINAK
PISTAZIE
QUITTE
RADICCHIO
RHABARBER
ROTE RÜBE ROTE BETE
SAFRAN
SALBEI
SELLERIE
SESAM
SPARGEL
STEINPILZ
TAFELTRAUBE
TOMATE
THYMIAN
VANILLE
WALNUSS
WEICHSEL SAUERKIRSCHE
ZIMT
ZITRONE
ZUCCHINI
ZWIEBEL